人生に残る言葉・人生をつくる言葉

心に響く名言・名句

影山竹夫

都政新報社

胸に刻まれた言葉、人生を左右する言葉たち

最近、言葉の力が再認識された事件があった。ロシアによるウクライナ侵攻です。首都キーフに戦火が迫るとき、ウクライナのゼレンスキー大統領は、官邸の外から閣僚たちと「我々はここにいる。国を守る」と宣言しました。これが国民を鼓舞したことは言うまでもありません。ウクライナの高官も「言葉は時には砲弾よりも威力がある」と発言しています。もちろん言葉は、誰が、いつ、どのような状況で発したかで価値が変わります。侵略者としてのプーチンの言葉は、どんな美辞麗句でも我々の心には響きません。

本書は、都政新報に毎週掲載しているコラム「今週の名言・名句」を再構成したものです。偉人や政治家から、学者や経営者、作家、歌人まで幅広い分野から、筆者がこれまでの人生で影響を受けた好きな言葉や詩、短歌、俳句、漢詩、映画の名セリフまで紹介しています。執筆にあたっては、その作者の生涯や時代背景にもスポットを当ててみました。さらに、言葉の持つ意味を現代に

置き換えて、共通項を探ってみたりもしました。また、時代を経た名言だけでなく、今を生きる人の言葉も多く紹介し、これは「未来の名言」とでも呼ぶべきものになると思います。

名言・名句を選ぶ基準は、言葉にインパクトがあるか。言葉は、平易で分かり易いか。リズムや響きがいいかも重要です。英文の名言は、かつて英語の勉強のために暗記したものが多いです（笑）。まだまだ紹介したい名言や名句は多く、都政新報の連載は今でも続いています。機会がありましたらお読みいただければ幸いです。

本書を読んで、例え数編でもあなたの心に響く言葉や記憶しておきたい言葉があれば、心のポケットにしまっておいて、ときどき取り出して思い出してもらいたいものです。

最後に、都政新報編集部の門脇千代子さんと、挿絵を描いてもらった塩崎律子さんに感謝申し上げます。

2023年9月

影山竹夫

人生に残る言葉・人生をつくる言葉

目次

第1章 勇気と希望そして挑戦、前向きに生きたいとき

第2章 失望と悲しみ、山あり谷ありの人生を感じたとき

第3章　経済と経営、進歩と革新の必要を考える

第4章　政治と政治家、リーダーシップと危機管理について

第5章 旅と文学そして言葉

第6章 ふるさと、青春の輝きと苦悩

第7章 戦争と国家の興亡、国のかたち

＊本文の「言葉（タイトル）」の下の数字は「都政新報」掲載紙の日付です。

第1

勇気と希望そして挑戦、前向きに生きたいとき

1

人生がすっぱいレモンをくれたら、それでおいしいレモネード作ればいいのよ

(When life gives you lemons, just make lemonade.)

2021.06.11

アレクサンドラ・スコット

　1歳で小児がんに侵されたアメリカの少女、アレクサンドラ（アレックス）は病魔と闘いながらも、4歳で兄とともに自宅の庭でレモネード売りを始めた。同じ小児がんで苦しむ子どもたちの救済や小児がんの研究に役立てる寄付を集めるためだ。1日で2千ドル以上の売上・寄付が集まったという。その後も、アレックスは手術や治療の副作用に苦しみながらも毎年6月になるとレモネードスタンドを開き、賛同する人々の協力により年々その活動は広がり、寄付金も増えていったが、2004年わずか8歳でその生涯を閉じた。

　アレックスの死後も、レモネードスタンド募金の活動は日本を含む世界各地に広が

り、小児がん研究の推進と病気の子どもたちの治療に今でも役立てられている。

アレックスが生前に愛したのが、この言葉である。自分の境遇がどんなに厳しくても、レモネードを作るように甘くしていけば良いと（レモンには、欠陥、苦境という意味がある）。人生が過酷な運命を与えたとき、さわやかにそれを受け入れていこうとする幼いアレックスの健気で強い意思が感じられる。様々な困難に直面した時、勇気づけられる言葉だ。短い生涯ではあったが、全力で生き、後に多くのものを残したのだ。

6月12日はレモネードスタンドの日だそうだ。甘酸っぱいレモネードを飲んで彼女のことを思い出してみたい。

2

友がみな我よりえらく見ゆる日よ
花を買ひ来て妻としたしむ

石川啄木

2021.06.18

啄木の短歌集『一握の砂』の中でも有名な歌である。盛岡中学で机を並べた同級生たちが、大学を出て社会で活躍するうわさを聞くにつけ、自分の不遇を嘆いたものだという。経済的に困窮していた啄木でさえ、時には妻と花をめでる気持ちはあったのだ。

さてコロナ禍の中の日本、イベントの中止や冠婚葬祭の簡素化などが続き、業務用を中心に花の需要も価格も低迷しているという。ここ20年、家計における花の購入額は減少を続け、値段も低下傾向であった（1世帯当たりの切り花の購入額はこの20年で約40％減）。花の生産、流通、販売に関わる人たちの苦境が察せられる。

こうした中、農水省も「花いっぱいプロジェクト」を展開し、需要喚起に躍起になっている。また、サブスクリプション（定額制）で花を定期的に自宅に届けるサービスも徐々に広がってきている。外出自粛などを機に、家庭菜園やガーデニングを始める人も多いという。統計によれば、花農家は他の作物に比べて、比較的若い世代が多いという。東京でも、ブバルディア、シクラメンなどの花農家が活躍している。

新型コロナの影響で在宅時間が大幅に増えた今、花を買って若い花農家を応援したいものである。

6月20日は父の日です。「お父さんにも、たまには花を持たせてあげてください」。

父の日にも花を！

3

千日の稽古を鍛とし、万日の稽古を錬とす。そして勝利は一瞬とす

宮本武蔵

2021.07.09

江戸初期の剣豪、二刀流で有名な宮本武蔵。幼少期から剣術の修行を続け、初めての決闘は13歳の時だった。以来、生涯無敗を誇った。この言葉は、千日の稽古で技を習得し、万日の稽古で技を練り上げるとの意味。日々の鍛錬を何十年も積み重ねることで、武蔵は天下無双の剣豪となったのだ。

また肉体的な鍛錬だけでなく、一撃（一瞬）で生死が決する決闘では、どのような環境でもゆるぎない強い心が重要と説く。

まさに心技体がそろって、勝負に臨む態勢が整うのだ。「打ち込む態勢を作ることが先で、剣はそれに従うものだ」と言っている。勝負には、常に強い精神状態で臨まなければならない。

東京オリンピックの開幕が近い。長くつらい、鍛錬の末、世界中の注目の中で、その成果を競う晴れ舞台だ。コロナ禍の中で、開催の是非について世論が分かれ、本稿執筆時点で有観客かその規模なども不明で、応援方法などの制約も多く、盛り上がりに欠く大会になるかもしれない。こうした状況下での開催について、主催者、関係者、アスリートたちにも複雑な思いがあるはずだ。アスリートに罪はないが、開催非難の矛先が彼らにも向いたら、大会に万全の準備で臨むメンタルを維持できるだろうか。我々はせめて、アスリートたちが最高のパフォーマンスを発揮できるように、精いっぱいの舞台を用意してあげたい。そして、勝者の影に隠れた、敗者にもエールを送りたいものだ。

4

失われたものを数えるな。残されたものを最大限に生かせ
ルートビッヒ・グットマン博士

2021.08.20

グットマン博士は1948年、ロンドン郊外の病院で障害者のスポーツ競技会を開催した。第2次大戦の傷痍軍人などの身体的・精神的なリハビリにスポーツが最適と考えたのだ。この競技会が国際大会として開催されるようになり、やがてパラリンピックに発展していく。当時、日本から来ていた中村裕医師は衝撃を受けた。日本では、障害者は保護される人でベッドで静養するのが常識だったからだ。治療にスポーツを

取り入れ、残された身体的機能を最大に発揮させようとした博士の信条がこの言葉に凝縮されている。

長野パラリンピックの金メダリストのマセソン美季さん。体育教師を目指していた大学時代に交通事故で車椅子生活になった。彼女は、米国やカナダでの経験を踏まえ、現在は日本でのパラリンピック教育に奔走している。彼女の小中学生向けの教材の題名が興味深い。「I'm POSSIBLE（私はできる）」←「IMPOSSIBLE（できない）」にちょっと変化をつけるだけで「できる」に変わるのだ。

コロナ禍の中で、パラリンピックを目指す、基礎疾患や様々な障がいを抱える選手にとって生き抜くことだけで大変だった。パラ陸上車いす競技のベテラン、伊藤智也選手は「大会に無事出ることの方がメダルを取ることよりも難しい。そういう時間を過ごしている選手がたくさんいる」と話す。東京パラリンピックがコロナ禍を生き抜いてきた証しとなる大会になることを願ってやまない。

5

打数少なければ精神に良く、打数多ければ身体に良し

ゴルフの格言

2021.10.08

へぼゴルファーである。キャリアだけは長いが、スコアはいまだに警察から消防を行ったり来たりである（!?）。若い時のデビュー戦は真夏のゴルフ場。打てども打てどもカタツムリのようにしかグリーンに近づかない。高い料金を払って、なぜ汗だくの難行苦行をしなければならないのかと思ったものだ。その後、この格言を知ってからは、だいぶ気が楽になった。打数（ストローク）勝負のゴルフでは、ストロークが

少なければ、それに越したことはないが、多くても体にはいいのだ。どちらに転んでもいいという発想は、仕事などの面でも役立つ考え方だ。

ゴルフ好きの英元宰相のデビット・ロイド・ジョージも、「ゴルフは一番下手なプレイヤーが一番得をする唯一のゲームだ。下手なほど多く運動でき、多くを楽しむことができる。うまいプレイヤーは、わずかなミスにもクヨクヨするが、下手な人は、クヨクヨするにはあまりにミスが多すぎるからだ」と言っている。ゴルフ場でのミスの連続が、ちょっとしたミスに動じない図太い神経を得ることに結び付くかもしれない（笑）。

歴代最強と呼ばれたプロゴルファーのベン・ホーガンは言っている。「ゴルフは単純なんだが、ただそれを知るまでには時間がかかる」と。それを早く知りたいものだ。

最後に、仕事にも通じるゴルフの格言を一つ。弱気の虫を振り払う時に思い出してください。

Never up, never in.（届かなければ決して入らない）

6

わしのような老人は、こういう時にいささかなりとも働いてこそ、生きている申し訳が立つようなものだ

2021.11.05

渋沢栄一

幕末から昭和初頭まで波乱万丈の91年の一生を駆け抜けた渋沢栄一。農家の生まれながら武士となり、徳川慶喜に重用され、遣欧使節団の一員として渡欧、維新後は明治新政府に仕えたのち、商工業の興隆を志し、第一国立銀行をはじめとする約500社もの企業の創設に関与し、「日本資本主義の父」と称された。

社会事業にも熱心で、特筆すべきは東京市養育院だろう。1872年に孤児、困窮

者、老人などを収容する養育院が創立されると、初代院長を引き受けた。名ばかりの名誉職ではなく、廃止問題が起きれば対処したり、運営資金獲得に奔走したり、自ら手塩にかけて育て上げ、終生院長を務めた。

1923年83歳の時、関東大震災が起こる。治安が不安定で不測の事態も予想され、息子たちが故郷深谷への避難を勧めたが、栄一はこの言葉で叱りつけたという。逆境の時こそ力を尽くすのだという。直ちに罹《り》災《さい》者の救護、救援活動に乗り出すとともに、復興事業にも参加していく。内外に義援金を呼びかけ、特に米国からは巨額の義援金が寄せられた。これは、17年前のサンフランシスコ大地震の時に、栄一が先頭に立って多額の義援金を集めて送ったことの恩返しでもあったのだ。常に世の中のために力を尽くし、国際親善活動にも熱心だった。

11月11日は栄一の命日だ。筆者が東京都養育院の庶務課に勤めていた頃、毎年この日に谷中霊園にある渋沢家の墓参りをしていたことを思い出す。すぐ近くには、徳川慶喜の墓所もある。

7

人生の本舞台は常に将来にあり

尾崎行雄（尾崎咢堂）

2022.04.01

尾崎行雄（1858〜1954）は1890年の国会（帝国議会）開設とともに衆議院議員に選ばれ、以来連続25回当選。在職は1953年、94歳までの63年に及び「憲政の神様」とも称される。1903年から9年間は東京市長も務め、道路、橋梁《きょうりょう》、上下水道の整備、東京市電の設立などに尽力し、実務家としての手腕も発揮した。日米友好のためワシントンに3千本の桜を贈り、ポトマック河畔の桜として今も市民に親しまれている。

筆者がこの言葉を知ったのは、2016年の入都式での舛添知事のあいさつだ。池袋の芸術文化劇場の大ホールで千数百人の新規職員を前に、この言葉で激励していた。入都式に臨む若い職員にふさわしい言葉だと思った。後で調べてみると、この言葉は尾崎が76歳で病気療養中に考えたものだという。人生の本番は、過去や現在ではなく常に未来にあると。人生どん底にあっても、これからが本番だという彼の気概を示す言葉である。その後20年近く活躍した尾崎らしい言葉だが、常に将来を向いて前向きに努力することはどんな年齢の人にも大切だろう。

式典後の舛添さんだが、政治資金などで数々のスキャンダルが噴出し、2カ月余りで辞任に追い込まれることになった。舛添さんの本舞台はいまだに見えないようだ。

さて、今日、例年通りならオール東京（消防、警察、教職員を含めて）で6千人以上の人が東京都に新たに職を得るはずだ。広い視野を持って、東京を活躍の本舞台にして新鮮な力を発揮してほしいものだ。

8

おっかさん、まだ最高裁判所がある、最高裁があるんだ!

映画『真昼の暗黒』（原作正木ひろし）

2022.04.22

1951年に山口県麻郷村（現、田布施町）八海《やかい》で、老夫婦を殺害し現金を奪う強盗殺人事件が発生した。世に言う八海事件である。5人の共同犯行との見立てから、取り調べの過程で自白の強要がなされ、うち4人は公判で一転無実を主張。しかし、物的証拠が一切ないにもかかわらず、真犯人の虚偽証言もあり、一審・二審とも全員有罪で首謀者には死刑判決が下された。

第一次上告審から弁護人に加わった正木

ひろしの八海事件を扱ったノンフィクション『裁判官』を原作に、『真昼の暗黒』（橋本忍脚本、今井正監督）が56年に公開された。映画のラストシーンで無実を主張しながらも、二審でも死刑判決を受けた主人公が、落胆する母親に叫ぶのがこの言葉だ。最終審である最高裁に一縷《いちる》の望みをかける主人公の悲痛な叫びである。

実際の裁判では、最高裁は原判決を破棄して差し戻す。しかし、差し戻し、上告が繰り返され、三度目の上告審で最高裁は自判し、4人の無罪が確定する。逮捕・起訴から18年の歳月を要し、7度の裁判で結着という冤罪《えんざい》事件だった。

八海事件では無罪を言い渡した最高裁だが、最高裁の実務で原審が棄却されることは、刑事事件で約2千件（人）中、1、2件と極めてまれなことも事実である。

5月3日は憲法記念日で、今年は日本国憲法施行75周年だ。憲法と共に生まれた最高裁も75歳になった。三宅坂のお堀に面し、花崗岩《かこう》で覆われた特異な外観で、石の砦《とりで》のような建物が最高裁判所だ。文字通り国民の人権を守る最後の砦であってほしいものだ。

9

70歳まで働くとすれば、20歳くらいまでに受けた教育を基に50年間持たせることになるが、それは無理な話だ

2022.07.01

八代尚宏（昭和女子大学特命教授）

八代は経済企画庁、OECDシニアエコノミスト、日本経済研究センター主任研究員などを経て現職、経済政策などに精通。

生産年齢人口が大幅に減少を続ける日本、働き手不足が深刻だ。一方で終身雇用にこだわらない雇用の流動化も進んでいる。ベストセラー『ライフ・シフト』の著者リンダ・グラットン教授は、教育、仕事、引退という人生の3ステージを順に送る時代から、ステージが入れ替わったり、仕事も途

中で変わるマルチステージになるという。そうした中で、社会人の学び直し（リカレント教育）やリスキリング（技術の再獲得）の重要性が増している。

岸田首相が設置した教育未来創造会議は、「学び直し」の促進を提言。日本では、社会人の大学・大学院への入学者割合は諸外国に比べて低く、企業は学び直しの機会を与えず、個人も学ばない傾向が顕著と指摘される。日本企業のＯＪＴ以外の人材投資（対ＧＤＰ比）は著しく低い。英米の10分の1から20分の1程度に過ぎない。また、社外学習や自己啓発を行っていない人の割合は46％とアジア太平洋諸国14カ国の中で最多で、韓国や台湾は10％台である。日本では学び直しの経験者は33％に過ぎず、一方でスキルギャップが顕在化してくると考える企業は43％だ。

人生１００年時代、就業期間は長くなり、多様なステージを伴う。企業も個人も学び直しやリスキリングなくして経営革新や自己実現もできない。年齢に関係なく、多様な学び直しが求められている。グラットン教授は言う、「年齢は自由に操れる。生物的年齢ではなく、選択し決断しという行動や思考こそが年齢を決める要因になる」

10

歳をとったから遊ばなくなるのではない。遊ばなくなるから歳をとるのだ

バーナード・ショー（アイルランド劇作家）

2022.09.16

バーナード・ショー（1856~1950）はアイルランド出身の劇作家、評論家で、ノーベル文学賞の受賞理由が「風刺に満ちた理想性と人間性を描いた作品を送り出した」というもの。確かに、ショーの名言は、「希望を抱かぬ者は、失望することもない」とか「ある時代に目新しいものは、その二世代前に流行ったものの復刻に過ぎない」とか皮肉な物言いだが真実を突いているだろう。

高齢者専門の精神科の医師として医療現場で活躍する和田秀樹は、高齢者が多数を占める超長寿社会は年寄りばかりの単一的な社会ではなく、むしろ以前よりも多様な社会になるという。つまり、若い人に比べ高齢者のほうが身体機能や脳機能において

個人差が格段に広く、80歳で認知症、要介護の人もいれば、現役でバリバリ活躍、マラソンを走る人もいる。高齢者が多数になる社会は、まさに多様性に満ちた社会だという。

ただし、高齢者が脳機能、運動機能を維持していくには「使い続ける」ことが重要で、そのとき意欲の低下こそ老化の最大のリスクだという。意欲の低下を防ぐためにも、高齢者こそ家に閉じこもるのではなく、仕事や遊び、趣味を続けていくことが大事だ。そのためにも現役のうちからリタイア後もできる趣味や遊びを見つけておくことも必要だと説く。

立命館アジア太平洋大学学長の出口治明は、敬老の日の廃止を主張する。敬老というのは、若い人が高齢者の面倒を見る発想だが、年齢でくくって保護するのでなく、助けが必要な人に年齢に関係なくサポートを集中すべきだという。高齢者に敬老パスを配るなどとんでもないという。

敬老の日ができた1966年の65歳以上の高齢化率は6％程度。今は5倍に近い。やがて40％近くになる。高齢者を一律に扱う施策はあらゆる面で見直しが必要だろう。

11

人生に必要なものは、勇気と想像力、……そして少しのお金だ

チャールズ・チャップリン

2022.11.04

喜劇王チャップリン（1889〜1977）の幼少期は、まさしく貧乏のどん底だった。両親寄席芸人の両親のもとに生まれたが、両親が離婚すると母と兄とロンドンの貸間の屋根裏部屋で暮らす。急病の母の代役で舞台に立ち大喝采を浴びたことも。母が精神病院に入ると、孤児院や貧民院を転々とし、その後も雑貨店の小僧、ガラス職人、新聞売りなど生活のため職を重ねる。米国に渡り、喜劇役者として成功するまでの「自叙伝」を読むと、まさに波乱万丈のエピソードに富んでいる。

この言葉は、チャップリン主演の1952年公開の傑作『ライムライト』の中の言葉だ。人生に絶望して自殺を図ったうら若きバレリーナを助けたチャップリン

が言う。「人生は恐れなければ、素晴らしいものなんだ。人生に必要なもの、勇気と想像力……and a little dough（お金）」と。しっかりとお金も必要と加えるところに実感がこもっている。あとは愛とか希望だとか格好をつけない。チャップリンは、貧乏を美しいなどと思ったことはないと言っている。少年期の体験は忘れ難いものだったのだ。

さて、必要なお金の額だが、日本の賃金が30年間ほとんど上がっていない。国税庁の民間給与実態調査によれば、２０２１年の日本の平均給与は年４４３万円（正規が５０８万円、いわゆる非正規は１９８万円）だ。30年前の１９９０年の４２５万円と比べ４％上がっているが、ピークの97年の４６７万円に比べて、なお５％低い水準のままだ。

日本の子どもの相対的貧困率も13・５％と、先進国の中で10番目に高いと指摘されている。長く続いたデフレ下の物価安で生活の質は落ちていないとされるが、インフレが進んでくると生活実感の悪化は避けられそうにない。現代社会において「清く貧しく美しく」は成り立ち難いだろう。

12

人生に解決法なんてない。ただ前に進んでいく力があるだけだ。解決はあとからついてくる

サン＝テグジュペリ

2023.01.27

『星の王子さま』の作者として有名なサン＝テグジュペリ（1900〜44）は、兵役で軍の操縦士となり、退役後は民間航空界に入る。飛行機による郵便輸送のための南米の航路開拓にも貢献した。飛行機がまだ安全な乗り物ではなかった時代に、死の危険の中で夜間の輸送事業に携わる人たちを描いのが『夜間飛行』だ。悪天候で音信不通になった飛行機を皆が心配する中で、輸送事業の支配人が言うのがこの言葉だ。夜間飛行は危険だと指摘される中で、事業を継続させる強い決意の言葉だ。作者自身の体験を基にしたこの実録的作品は、世界中で愛読された。サン＝テグジュペリは第

2次大戦中の44年、地中海で偵察機を操縦中、行方不明となってしまう。

日本の宇宙開発の失敗が続いている。昨年10月、JAXA（宇宙航空研究開発機構）が「世界一コンパクトな打ち上げ」を目指した小型固体燃料ロケットのイプシロン6号機が、地球周回軌道に投入できず、破壊指令で爆破され、打ち上げ失敗に終わった。11月には日本初の月面着陸を目指す無人探査機「オモテナシ」が通信不全で月面着陸を断念した。JAXAのプロジェクトチーム長は、着陸という実験さえできず、「失敗以上の失敗」と嘆いた。


ロケットの開発や打ち上げなど宇宙開発において、中国、米国、ロシアに水をあけられた日本、壁が高くても立ち止まっている暇はない。コスト圧縮の重圧もかかるが、失敗をばねに前に進んでほしいものだ。

さて箱根の「星のお王子さまミュージアム」が3月末で閉館になると聞いて訪れた。敷地全体にサン＝テグジュペリの世界が再現されていた。本国フランスにもない唯一の美術館だという。こういうユニークな美術館を維持できる日本のゆとりがまた一つ消えたようだ。

13

過去の苦しみが　後になって楽しく思い出せるように人の心には仕掛けがしてあるようです

星野富弘

2023.02.03

1970年4月、星野富弘は大学卒業後、郷里の群馬県の中学校に体育教師として赴任する。そのわずか2カ月後、クラブ活動で器械体操の演技中に誤って転落し、頸髄《けいずい》損傷の重傷を負う。9年間の入院生活ののち退院。手足の自由を失うが、口にペンをくわえて絵や詩を書き始める。81年、『愛、深き淵より。』を皮切りに、多数の著作を発表。詩画展は国内だけでなく海外でも開催され、大きな感動を呼んでいる。

この言葉は、82年に出版された『四季抄風の旅』の中のものだ。富弘は入院生活を振り返って、つらかったことよりも友人や看護婦さんの励ましが、寂しかったことより生徒たちの明るい手紙の方が目に浮かぶと書いている。しかし、ここに至るまでの苦悩と努力を思うと感嘆しきりだ。富弘の詩画集だが、これを口で描いたかと思う絵や詩文も素晴らしいが、口述筆記の随筆部分も面白い。電動車いすで回る故郷の風景や子どもの頃の思い出、父母や奥さんとのやり取りが、明るくウイットに富んだ文章でつづられている。人気のゆえんだろう。筆者の手元にある『風の旅』は、なんと144刷だ。

昨年末、スポーツ庁が公表した全国体力調査によれば、小中学生の男女とも調査開始以来、過去最低の成績だった。子どもの体力の低下傾向に歯止めがかかっていないことが明らかになった。

原因としては、運動時間の低下、朝食欠食、テレビ、スマホ、ゲーム機等のスクリーンタイムの増加など生活習慣の変化が指摘されている。さらに、コロナ禍のマスク着用による運動の敬遠などの影響もあるとされる。子どもたちが体育や運動が楽しいと感じる環境や意識を作っていかなければならないだろう。富弘は元体育教師として、この調査結果をどのような思いで聞いただろうか。

14

やってしまった後悔はだんだん小さくなるが、やらなかった後悔はだんだん大きくなる

林真理子

2023.04.07

編集者から「今までの女の人が絶対に書かなかった本を」と言われて、林が正直かつエゲツなく書いた初のエッセイ集『ルンルンを買っておうちに帰ろう』がベストセラーになる。若い女性がもつ「ネタミやヒガミ」を率直かつ過激に書いて面白い本だが、本人の言動とも相まって、林は相当なバッシングも受けた。それでもめげないから、なお人により好き嫌いが分かれた。それが、今や直木賞選考委員にして、日本文芸家協会理事長、文化審議会委員、そして母校日本大学の理事長になり、日大のイメージの回復に貢献している。

この言葉は、林自身の生き方を象徴するものだろう。最新刊の『成熟のスイッチ』でも、恥ずべき過去を交え、人間関係の心

得から変化する楽しさなど自身が「成熟」するきっかけを語っている。

いわゆるアグネス論争をご記憶だろうか。第1子を出産した歌手のアグネス・チャンが子どもを連れて、収録スタジオなどに「子連れ出勤」していることに対し、林らが「大人の世界に子どもを入れるな」「周囲に迷惑がかかる」などと批判し、働く母親を擁護する人たちと賛否両論の大論争を繰り広げたのだ。

当時、筆者は中野区企画課勤務だった。区では毎年有識者などを呼んで区民向けに「憲法集会」を開くが、お堅い内容だけに人集めに苦労していた。そんな時、集会の企画を任され、講演の目玉にアグネスさんを呼んだ。アイドル歌手としての人気に加え、「時の人」の集客効果はすさまじく、中野文化センター大ホールが満員札止めになった。いつもは開店休業の乳幼児の一時保育も保育士だけでは足りず、区の管理職も動員されたのを覚えている。

さて、中野区役所に隣接し、様々な行事でも使った中野サンプラザが7月2日閉館になる。どこから見てもすぐにそれと分かる中野のシンボルの退場は寂しい限りだ。

15

この1000ドルは今しかできないことのために費やすべきである

2023.04.21

ビル・パーキンス（『DIE WITH ZERO』）

パーキンス（1969〜）は米国のコンサルティング会社のCEOで、巨額の資産を抱えるヘッジファンドのマネージャーなど多彩に活躍中。彼の初めての著作である『DIE WITH ZERO（ゼロで死ね）』は、彼の体験から導いたお金と人生に関する考えが詰まっている。

まず、節約への警鐘だ。若い頃パーキンスがコツコツと節約し、1千ドルをためたが、上司から「はした金をためるな」と一喝され、気が付く。節約ばかりしているとその時にしかできない経験をする機会を失う。世界が必要以上に狭くなっていく。人生は経験の合計だから。一刻も早く経験（学びでも遊びでも）にお金を使うべきだ。

老後のための貯蓄はほとんど使わないで

終わることが多い。子どもには死ぬ前になるべく早く与える。死後にもらっても価値は激減するとパーキンスは言う。そして人生と健康は有限であり、旅行にしてもスポーツにしてもやりたいことの賞味期限を意識し、資産を早めに取り崩してでもやるべきだ。そして一番良いのは、ゼロで死ぬ。使い切って死ぬことだと。

内閣府の調査によれば、個人金融資産1800兆円のうち6割は60歳以上の人が保有し、20年で保有割合は倍増している。相続を受ける年齢も50代、60代以上が多くなる。これでは子育てや住宅取得など子どもが本当にお金が必要な時、有意義に使いたい時に渡せていないことが多いだろう。

日本では、コロナ禍で積み上がった「コロナ貯蓄」が62兆円に達し、GDPの10％を超えて増え続けているという。米国などでは6割以上が取り崩され、消費に回っている。生活不安、老後不安が染みついた日本では、いくら現金を配っても消費に回らない。海外要因のインフレは起きているが、本格的な景気回復になっていない。

GWも近い、今しかできない体験にお金を有効に使いたいものだ。

16

淵に臨みて魚を羨《うらや》むは、退いて網を結ぶに如《し》かず

牧野富太郎（『漢書』董仲舒《とうちゅうじょ》伝）

2023.06.09

「日本植物分類学の父」と称される牧野富太郎（1862～1957）は、高知県の造り酒屋に生まれた。幼くして父、母、祖父を相次いで亡くし、祖母に育てられる。小学校中退ながら、ほぼ独学で近代西洋植物学を学び、上京し東京帝国大学植物学教室に出入りを許され、研究や植物採集に没頭する。94年の生涯において、収集した標本は40万枚に及び新種や新品種など1500種類以上の植物を命名したという。その植物に対する愛情と探求心は、現在放送中のNHKの朝ドラ『らんまん』の主人公、「槙野万太郎」として描かれている。

この言葉は、先日訪れた高知県の牧野植

物園で紹介されていた。中国の歴史書『漢書』に由来する言葉で、「淵にいて魚がほしいとうらやむよりも、家に帰って魚を捕る網を結いなさい」という意味だ。何事も傍観して望んでいるだけより、実行力を持つことの大切さを説いたものだ。牧野はこの言葉を好み「結網子《けつもうし》」という号を生涯用いていた。

言葉の応酬や希望の表明だけよりも実行が大切ということでは、直近の日韓関係の改善だろう。元徴用工問題で冷え切っていた関係が改善に動き出している。日本企業の元徴用工に対する賠償金支払いを韓国の財団が肩代わりする解決策がきっかけだ。核・ミサイル開発を進める北朝鮮の動きが背中を押した面はあるが、「日韓シャトル外交」が再開し、日韓軍事情報包括保護協定も正常化した。G7広島サミットでは、日韓首脳が在日韓国人被爆者慰霊碑に献花した。

竹島や慰安婦問題など日韓に横たわる問題はまだ多いし、韓国では政権が変わるごとに約束がほごになることもあるが、地理的に離れられない隣国であり、地政学的なリスクを共有する仲でもある。実効性を伴った外交がますます必要になるだろう。

17

What doesn't kill you will make you stronger.

（どんなに辛いことでも、死にさえしなければ、それは全て後の人生の糧になる）

2023.06.30

井口俊英（『刑務所の王』）

1995年に発覚した、大和銀行ニューヨーク支店での米国債巨額損失事件は、日米の金融界を揺るがした。NY支店の行員だった井口俊英（1951～2019）は米国債の不正取引で損失を重ね、最終的に11億ドルの損失を抱え、不正を頭取に手紙で告白した。不正取引を10年以上も放置した銀行のずさんな管理体制と米当局への報告遅滞により、大和銀行には巨額の罰金と米国からの完全撤退という厳罰が課せられた。

井口は逮捕され、連邦拘置所に収監され、そこで通算33年の刑務所暮らしの61歳の白人ジョージ・ハープと出会う。そのすさまじい半生を聞き取った。フットボール選手として有望だったハープが、ささいな罪で17歳の時に禁固刑を受け、刑務所に入るが、そこは文字通りの無法地帯だった。暴行、麻薬、殺人、レイプ等何でもありの弱肉強食の塀の中で、ハープは持ち前の腕力と知恵と負けん気の強さで生き抜いていく。さらに、米国の刑務所を支配するプリズン・ギャングの中で、最も凶暴な「アーリアンブラザーフッド」を創設し、黒人の囚人たちと抗争を繰り広げていく。

井口はハープの波乱万丈の半生を聞いて、自分は絶望の谷底と思っていたが、まだまだ修復可能で、人間の持つ適応性と生命力の半分も試していないと感じた。ハープが別れ際に言ったこの言葉が、仕事も財産も家庭までも失った井口にとって一条の光のように暗闇を照らすことになったのだ。

3年余りで出所した井口は、ハープの半生を描いた『刑務所の王』を出版する。再婚もし、ヘッジファンドを立ち上げたり、日本で語学教室を開設するなど前向きに生きることになる。

18

人間の生涯や一生の運命を決めるものは、所詮《しょせん》、刹那《せつな》、刹那です

ゲーテ（『ヘルマンとドロテーア』）

2023.07.14

フランス革命の混乱から難民となった娘とドイツの裕福な家の青年、ふたりの出会いから結婚までを描いたゲーテ（１７４９～１８３２）の恋愛叙事詩が『ヘルマンとドロテーア』だ。ゲーテ自身が最も愛した叙事詩と言われる。

難民の中で人助けしながら、けなげに働く娘ドロテーアを見初めたヘルマンは彼女の心根の優しさに触れて結婚を決意する。家に帰り母親に打ち明けるが、町の良家から嫁を迎えようと望む父親は首を縦にしなかった。そこで牧師が言うのがこの言葉だ。「人間の生涯や一生の運命を決めるものは、所詮、刹那、刹那です。どんなに長い間、熟考したところで決心はいつも刹那の所産にすぎません。結局、分別のある人が正鵠《せいこく》

を得るのです」と。刹那とは、短い時間、一瞬のこと。もちろん一か八かで即決をすればいいという意味ではない。あれこれ逡《しゅん》巡《じゅん》する間に事態が悪くなることも多い。決意にあたっては思い切りの良さも大事だ。もちろん判断のベースにはその人の賢明さが必要なのだが。

ＮＨＫの大河ドラマ『どうする家康』でも、家康が予測不能の乱世で困難な決断に直面する姿が描かれている。

桶狭間の戦いでは、盟主今川義元が織田信長に討たれ、家康は今川側にとどまるか織田側につくか決断を迫られる。人生の最初のターニングポイントだった。

信長の長女徳姫と結婚した嫡男信康の粗暴さと夫婦の不仲が、信長に知らされる。正室築山殿も武田側と通じていると疑われる。両者の扱いについて信長から「家康の存分次第」と言われたが、苦渋の選択で信康に腹を切らせ、築山殿も殺害せざるを得なかった。

さてゲーテの言葉には、人生の機微にふれるものが多いが、その一つを紹介する。

「涙とともにパンを食べた者でなければ、人生の味は分からない」

養育院の思い出

１９７９年、都庁に入って最初の職場が東京都養育院だった。当時の養育院は、特別養護老人ホーム、養護老人ホーム、付属病院、老人総合研究所、旧精神薄弱児・者更生施設などを所管し、１００年余の歴史を有する一大福祉拠点だった。本院は板橋区大山にあった。かの渋沢栄一が初代院長で、１９３１年に亡くなるまで約50年院長を務めた。都庁の「部局」としての養育院は廃止されたが、中庭には、渋沢栄一の立派な銅像が今でも建っている。

最初の配属先は、利用者６００人の板橋ナーシングホーム（特養）。新卒で世間知らずの筆者は先輩職員から仕事はもち論、社会人のイロハを昼も夜も、教えてもらった（笑）。行事もたくさんで、毎年恒例の職場対抗バレーボール大会が一番盛り上がった。球技が苦手の筆者も若手ということで、駆り出されたが、レシーブが全然取れなかった（泣）。施設の園遊会では歌舞伎の白波五人男の弁天小僧を演じたりしたのが良い思い出になっている。

第2章

失望と悲しみ、山あり谷ありの人生を感じたとき

19

召されて妻は　天国に　別れてひとり　旅立ちぬ
かたみに残る　ロザリオの　鎖に白き　わが涙
なぐさめ　励まし　長崎の
ああ　長崎の鐘がなる

サトウハチロー（長崎の鐘2番）

2021.08.06

サトウハチロー作詞、古関裕而作曲で、藤山一郎が歌った『長崎の鐘』。今でも多くの人に歌い継がれている名曲である。この歌が永井隆博士（1908～51）の著作に由来することを、数年前に訪れた長崎原爆資料館で知った。

長崎医科大学の放射線科の医師だった永井は、45年8月9日、爆心地から700メートルの長崎医大病院の診察室で被爆した。被爆直後の様子を「地獄だ。地獄だ。うめき声一つ立てるものもなく、まったくの死後の世界だ」と表している。自らも頭部に重傷を負うも、同僚や被爆者の処置に没頭した。

2日後に帰宅すると、最愛の妻、緑は台所跡で、半ば骨だけの遺骸となっていた。傍らにはロザリオの鎖が残されていた。一人突然の旅立ちだったのだろう。遺骨を埋葬すると、翌日から2カ月にわたる救護活動に従事。途中、危篤状態になるが奇跡的に回復。永井は戦時中、結核のX線診断を透視で続けたため慢性骨髄性白血病にかかっており、その意味では二重に被爆したことになる。そんな状態でも、大勢の市民を救護し続けた。クリスマスには大破した浦上天主堂から鐘が発掘され、かすかな希望の鐘の音を聞くことになる。

被爆翌年からは病床に伏すことが多くなるが、『長崎の鐘』『この子を残して』など多くの著作を残し、被爆者の悲惨な状況を広く内外に伝えた。永井の亡きがらは、遺言で白血病研究のために解剖に付された。死してなお、医学の発展に身を捧げたのだ。

20

言ふなかれ　君よ　わかれを
世の常を　また生き死にを
海原のはるけき果てに
今や　はた何をか言はん

大木惇夫

2021.08.13

「（中略）
この夕べ　相離《あいさか》るとも
かがやかし　南十字を
いつの夜か　また共に見ん
言ふなかれ　君よ　わかれを
見よ　空と水うつところ
黙々と雲は行き雲はゆけるを」

大木惇夫（１８９５～１９７７）は北原白秋に師事し、詩人、歌謡曲の作詞家として活躍していたが、太平洋戦争で陸軍宣伝班員として南方戦線に従軍。インドネシアのジャワ島揚陸作戦に参加。この時の経験を詩集にまとめている。

どこまでも続く青い空と海、水平線上に浮かぶ白い雲がゆっくりと流れていく、夜になれば南十字星が輝く。そんな美しい場所で戦争は行われていた。死は隣合わせで現実だった。黙々と前線に赴く将兵たちの覚悟、諦念、潔さが、読む者の心を打つ。この詩は『戦友別盃の歌』として発表されるや多くの将兵や出陣学徒の間でも愛誦された。のちに作家となる山口瞳もこの詩を歌いながら涙を流したという。当時の青年には別離に実感があった。そして戦争が進み、別離は日常になっていった。

戦後、大木は戦争協力詩人として詩壇では活躍の場所を失うが、この詩は時代を超えて愛された。俳優の森繁久弥もよく、テレビなどで朗読したという。この詩が、戦意高揚の作詩動機を超えて、別離と生死、あらがい難き運命という普遍的な人間のテーマを悲しくも美しく歌っているからだろう。

そして今年も、8月15日、「慟哭《どうこく》の夏」がやってくる。

21

生きることは死への準備なのだから、よく死ぬことと、よく生きることは同じなのだ。生は死につながっている

千葉敦子

2021.10.01

千葉敦子（1940〜87）は日本やニューヨークで活躍したフリージャーナリスト。81年乳がんの手術を都立病院で受けるも83年夏に再発し、放射線治療を受けた後にニューヨークに移住。84年夏には二度目の再発が発見された。

この間、アメリカの政治情勢などを内外に発信するなど精力的に仕事をする。一方、日米でのがん治療の経験から、日本の医療や病院のあり方、医師と患者の関係など問

題を提起し続けた。例えば、医者に遠慮またはお任せの日本の患者について、いかに自分の体を観察し、医師とのコンタクトが重要かを説く。「どんなに優秀な医師でも見落としはあるし、どんなに献身的な医師でも患者本人以上に患者の身体に興味を持ち続けることはあり得ない」から。

そして、再発・転移を繰り返す中で潔く死と向き合っていく。目を背けず、最後の一日まで精いっぱい、やりたいこと、できることをやり抜くべきだと説く。まさによく死ぬことはよく生きることだ。

3度目の再発で声を失うも、『朝日ジャーナル』に「死への準備日記」を連載する。死の直前まで現地での生活、闘病の様子を赤裸々で冷静にNYから送った。感傷に流されない闘病記だ。没後34年になる今も、彼女の病気とのつきあい方、死との向き合い方は色あせない教訓を与えてくれる。

毎年10月は、乳がんの早期発見・治療を提唱する「ピンクリボン運動」月間だ。日本は、がん検診の受診率が欧米に比べて低いが、昨年はコロナ禍で受診率が20％も落ちているという。自分の身体は自分で守る、そういう気概が今こそ必要ではないだろうか。

22

一日の労苦は一日で足れり。明日のことを思いわずらうな

マタイ伝6章34節

2021.12.24

聖書は名言の宝庫だと思う。誰でも、いくつかは聞き覚えがあるのでは。1日の苦労はその日一日だけで十分だから明日に持ち越さず、「明日は明日の風が吹く」と区切りをつけることは、精神衛生上も好ましい。仕事に行き詰まった時、心配事があるとき、布団の中で暗唱することを勧めたい。「一粒の麦、地に落ちて死なずば、ただ一つにてあらん。もし死なば多くの実を結ぶべし」（ヨハネ伝12、24）。一粒の麦が落

ちて、犠牲になることで多数の実をみのらせる。この言葉は、三浦綾子の小説『塩狩峠』の冒頭にも出てくる。鉄道職員である主人公が、結納のため汽車で札幌に向かう。塩狩峠で客車の連結器が外れ、逆走し始めた列車の車輪の下に身を投げて停止させ、多くの乗客を救ったという実話に基づく。73年に映画化され人々の感動を呼んだ。

「安息日は人のためにあるもので、安息日のために人があるのではない」(マルコ伝2、27)。安息日に労働してはいけないという戒律を空腹のために破ったと非難された人を、イエスが擁護した言葉だ。偏狭な律法主義を批判している。法律の順守は必要だが、その適用にあたり法律は人のためにあることを忘れてはならない。

きょう24日はクリスマスイブだ。キャメロン主教(英スコットランド聖公会)は言っている。「クリスマスの真の贈り物は愛と平和。お店では買えません。でも、バクダッドやエルサレムの子どもにぜひ贈ってあげたいプレゼントです」。そして世界中の難民の子どもたちにも。

23

天下傷人処　労労送客亭
春風知別苦　不遣柳条青

李白

（天下傷心の処　労労客を送る亭
春風　別れの苦しきを知り　柳条を
して青からしめず）

2022.03.25

李白（701～62）は、杜甫とともに中国を代表する盛唐期の詩人で「詩仙」とも称される。玄宗皇帝に一時期仕えた以外、放浪の一生を送った。唐の時代、旅立つ人を見送るとき柳の枝を折って餞《はなむけ》にした「折楊柳」の習慣があった。柳の枝が青く芽吹くころは旅立ちの季節でもあったのだ。万人が別れを悲しむ労労亭、春風も別離の苦しさを知っていて柳を青くさせないとの意味だ。「春風別れの苦しきを知り　柳条をして青からしめず」書き下し文の語調がリズミカルで美しい。

職場、学校、男女など様々な場面で多くの別れがある。別離は人間の情に訴え、詩情をかき立てる永遠のテーマである。唐の詩人の于武陵《うぶりょう》の一節も有名だ。

「花発《ひら》きて風雨多し　人生　別離足《た》る」

井伏鱒二が名訳している。

「ハナニアラシノタトエモアルゾ『サヨナラ』ダケガ人生ダ」

和歌では紀貫之の秀歌がある。

「むすぶ手のしづくに濁る山の井の　飽《あ》かでも人に別れぬるかな」

（山の泉がすぐ濁って飲めなくなるように十分に満足できないままに、人と別れてしまうことかな）

この3月末も数千人の人たちが東京都を退職する。今年退職の人は、東京オリンピック・パラリンピックや新型コロナウイルス対策の数々の業務に直接、間接に関わった人が多いはずだ。多難な時代の職務遂行に感謝したい。次のステージでの活躍も祈念する。送別会もままならない今、退職する人たちの労苦に報いる、どんな餞の言葉を贈れるだろうか。

24

幸福な家庭はみな一様に似かよっているが、不幸な家庭はいずれもそれぞれに不幸である

トルストイ（アンナ・カレーニナ）

2022.03.04

ロシアの文豪トルストイの代表作『アンナ・カレーニナ』は、ロシア政府高官の妻、美貌のアンナが許されぬ恋に落ち、家庭も人生までも捨ててしまう物語だ。この言葉は冒頭の一節であり、小説のテーマを象徴するものだろう。

現代の家庭でも失業、貧困、病気など不幸に陥る原因は様々で一様ではない。2019年6月、農水省元高官の76歳の父親が、「運動会の音がうるさい」と暴れ始

めた44歳のひきこもりの息子を刺殺する事件が起きた。80代の高齢の親が50代のひきこもりの子どもを抱え、経済的困窮や社会的孤立に至る「８０５０問題」が大きくクローズアップされた。

　内閣府の調査によると、40歳~64歳のひきこもり状態の人は61万3千人と推計された。壮年層でもひきこもりが多いこと、行政や支援機関に相談もできず、困難を抱え込んだままの家族の多いことも認識された。元高官の家族も外部の機関には相談していない。この事件をヒントに書かれた林真理子の『小説８０５０』では、中学時代のいじめを機に7年間ひきこもりになった息子がいじめ裁判をきっかけに回復していく。支援機関の事例でも、様々なきっかけでひきこもりから社会復帰していくケースが見られる。身内の恥と抱え込まないで、支援機関など外部の力に頼ることも重要なのだ。

　誰もが、病気や事故、失業など様々な理由でひきこもりになりうる。ひきこもりへの社会の理解と家庭の問題を外に出せる雰囲気作りが重要だろう。不幸な家庭を少しでも減らすために。

25

結婚は判断力の欠如
離婚は忍耐力の欠如
再婚は記憶力の欠如

アルマン・サラクルー

2022.06.03

この言葉、明石家さんまがテレビで盛んに言っていたから、彼の体験に基づくオリジナルかと思ったが、仏の劇作家サラクルー(1899〜1989)のものだ。結婚に関する名言は様々だが、例えば「結婚とは、熱病とは逆に、発熱で始まり悪寒で終わる」とか「結婚へは歩け、離婚へは走れ」とか、とても披露宴のスピーチでは使えそうもない辛辣なものが多い。結婚生活で苦労している人が多いのだろうか。

人口動態統計（速報値）によれば、2021年の婚姻数は51万4242件と、大きく減った20年からさらに4・3％も減り、戦後のピークの半数以下になっている。原因としては、コロナ禍による行動制限やテレワークの普及で男女の出会いの機会が大幅に減ったことがあげられる。出生数も84万2897人と前年から3・4％減少し、合計特殊出生率も1・34といずれも過去最低を記録している。

内閣府の調査によれば、結婚していない理由として「適当な相手に巡り合わないから」が最多だが、結婚資金や結婚後の生活資金が足りないという回答も多い。出会いが戻っても、経済力の問題が結婚を妨げる点も重要だ。物価高や賃上げに耐えられる日本経済の活性化が急務である。

6月はジューンブライド（6月の花嫁）と呼ばれ、この月に結婚する花嫁は幸福になれるという西洋の言い伝えがある。この言葉に憧れて式を挙げるカップルも少なくないという。日本では梅雨の時期で、雨の日が多いが、雨も楽しもうではないか。きれいな虹を作るには、日の光と雨が必要なのだから。

26

外科医は皆、心の中に小さな墓場を持っていて、ときおり祈りに行く。そこは、やりきれなさと後悔の場であり、自らの失敗の言い訳を見つけなければならない場なのだ

ルネ・ルリッシュ（仏外科医）

2022.09.09

ルリッシュ（1879～1955）はフランスの著名な外科医で、この言葉は臨床の現場で苦悩する外科医の心情が表れている。イギリスの脳外科医ヘンリー・マーシュが自身の体験を記した『脳外科医マーシュの告白』でも、この言葉が出てくる。手術すべきか否かの難しい判断、ミスが命取りになるオペの緊張などが率直に書かれている。手術が不首尾に終わった時、患者が術前よりも悪い状態になってしまった時、心の墓場に祈りに行くという。こうした医療関係者の苦悩は、一刻を争う救急の現場でも顕著だろう。

今年は、救急現場で活躍する救急救命士

が誕生して30年だ。それ以前の救急隊は患者を病院に搬送するだけの役割で、緊急処置は止血などごく一部の行為しか許されていなかった。このため、欧米に比べ救命率が4分の1程度と「救える命が救えない」と言われた。米国などで高度な救命・緊急医療行為を行う救急隊員「パラメディック」を日本にも導入すべしとの意見もあった。こうした中で東京消防庁は、救急隊員に「医療器具を使った気道確保や心肺停止状態にある患者への輸液など」の緊急医療行為を認めるよう動き始めた。当初反対した厚生省も賛成に回り、91年に救急救命士法が制定され、国家資格を得た救急救命士は救急現場で特定の医療行為が認められた。翌92年から全国の救急隊へ配属が始まった。

当時、筆者は旧衛生局救急災害医療係長であり、救急搬送業務の困難さは理解していたが、さらに救急隊員の仕事と責任が増す改革に、東京消防庁が踏みだすことに驚いたものだ。

今夏も猛暑による熱中症患者の急増に加え、新型コロナの感染拡大で救急隊と医療現場の活動は困難を極めている。9月9日は救急の日だ。改めて救急隊員と医療関係者の活躍に敬意と感謝を表したい。

27

メキシコ・オリンピックで日の丸を揚げることは国民との約束なんだ

円谷幸吉（1964年東京オリンピック・マラソン銅メダル）

2022.10.07

1964年、東京オリンピックの最終日のマラソンで、円谷は2位で国立競技場に帰ってきた。すぐ後にヒートリー（英国）が迫り、大観衆の絶叫の中、3位になってゴールイン。しかし、国立競技場の表彰式で初めて揚がる日の丸だった。国民の歓喜は相当なもので、円谷は各地で大歓迎を受けた。

それから3年後、円谷は自殺する。筆まめな円谷が親・兄弟、教官、友人とやり取りした膨大な手紙を集め、松下茂典は『円谷幸吉　命の手紙』で、死の真相に迫った。

オリンピック後の円谷は国民の期待の重圧、婚約者との破談、指導教官の交代、持病の悪化などに苦しむ。成績も振るわず、67年の全日本選手権の2万メートルでは、トップの君原健二（八幡製鉄）から周回遅れとなる屈辱を味わう。それでも試合後、円谷は同学年でライバルの君原にこの言葉を吐露する。そして無理な練習、試合により、アキレス腱《けん》の断裂で3カ月の入院・手術を余儀なくされた。退院後の円谷を、福島の実家が温かく迎える。親、兄弟、おい・めいに囲まれ正月休みを過ごし、好物を堪能した。しかし、4日後、遺書を残し自衛隊宿舎で自刃を遂げた。27歳だった。

「父上様母上様　三日とろろ美味しうございました。干し柿、もちも美味しうございました。

敏夫兄、姉上様　おすし美味しうございました。

（略）

父上様母上様　幸吉は、もうすっかり疲れ切ってしまって走れません。何卒　お許しください。気が休まることなく、御苦労、御心配をお掛け致し申し訳ありません。

幸吉は父母上様の側で暮しとうございました」

この遺書について、川端康成は「ひとえに素直で清らか」「千万言も尽くせぬ哀切である」と激賞した。円谷の訃報を聞いた君原は会社を飛び出し、悔しくて、なぜなんだの思いで、がむしゃらに3千メートルを全力疾走したという。9カ月後、君原はメキシコでマラソン銀メダルに輝いた。

28

君なにゆえに虚《むな》しきものに従いて、かく虚しくなり給《たま》いしや

高橋和巳（『憂鬱なる党派』）

2022.10.21

高橋和巳（1931～71）は、大学で中国古典を教える一方で、62年に『悲の器』で作家デビューを飾る。労働組合活動の内実をあらわにした『わが心は石にあらず』、巨大宗教団体の栄枯盛衰を描いた『邪宗門』などを次々と発表。69年京都大学文学部助教授の時、大学紛争のさなかに学生側を支持して辞職する。硬質で、修辞にあふれた文体で、ペシミスティックなものの見方が、全共闘世代を中心に多くの読者を獲得するが、結腸がんのため39歳で早逝する。

この言葉は、学生運動の挫折を描いた『憂鬱《ゆううつ》なる党派』のものだ。暴力革命を志向する党に入り、スパイ嫌疑でリンチを受けたのち自殺する学友。その葬儀で、主人公が遺影に向かって弔辞を読む。

「君なにゆえに虚しきものに従いて、かく虚しくなり給いしや。乙女はその飾りものを忘れず、新婦は帯を忘れることなかりしに、人なにゆえにその義務を忘れ、その父母を忘れるや」。両親や参列者の涙を誘った。

「虚しきもの」と聞いて連想するのは、一部の新興宗教だろう。例えば、オウム真理教の教祖、麻原彰晃は最終解脱者を自称し、宗教的に殺人を肯定、空中浮揚などその言動は信者でないものから見れば噴飯ものでしかないが、高学歴の信者が帰依し犯罪に手を染めた。弁護士一家殺害事件や地下鉄サリン事件などの大事件を起こし、麻原は検察から、わが国犯罪史上、最も凶悪な犯罪者と断罪された。宗教は人のこころを救うと同時に、取り返しのつかない厄介な問題を引き起こす実例だろう。

さて高橋の小説だが、読み返してみると、当時の若者の感性、正義感、熱気や苦悩が今とあまりにも違うことに改めて気が付く。失われた激動の60年代の小説なのだ。それでも、断捨離ですっきりした自宅の書棚で高橋和巳作品集が、まだその一角を占めている。

29

狡兎《こうと》死して走狗《そうく》烹《に》られ高鳥尽きて良弓蔵《かく》る

史記　淮陰候《わいいんこう》列伝

2022.11.11

狡兎（ずる賢いウサギ）が死ねば、走狗（猟犬）は不要となり煮て食われてしまう。高く飛ぶ鳥が尽きれば、強く良い弓は死蔵される。功績をあげても、用がなくなれば排除されることの例えだ。

中国の秦末の戦乱期、漢の劉邦に仕え、巧みな戦術を駆使し常勝将軍と言われた韓信。弁士から、「劉邦から離れ独立すべき。やがて宿敵項羽を破った劉邦が天下を取れば、戦の天才である韓信は、恐れられ邪魔な存在になる」と進言され、この言葉を続けた。しかし、韓信は劉邦に従う道を選んだ。天下統一後、韓信は、謀反の疑いで武装解除のうえ淮陰候という地方官に飛ばされる。数年後、本物の謀反を起こそうとした時には、あっさりと捕縛され処刑された。処刑の間際、あの時の進言に従っていればと悔やんだという。

ＮＨＫの大河ドラマ『鎌倉殿の13人』が面白い。一ノ谷、屋島、壇之浦と次々に合戦で勝利し、平家を滅亡に追い込んだ軍事の天才と言われた源義経（菅田将暉）だが、平家なき新しい世では危険人物とみなされ、兄頼朝（大泉洋）との確執の末、自害に追い込まれた。平家滅亡の功労者である義経も、敵が滅びれば見限られてしまう。

石橋の戦いに敗れて安房で再起を図った頼朝に、２万騎で参陣し平家討伐に貢献した上総介《かずさのすけ》広常（佐藤浩市）も、謀反の疑いをかけられ梶原景時（中村獅童）に暗殺されてしまう。その景時も……。まさに「狡兎死して……」のオンパレードではないのか。

経営危機に陥った日産で剛腕を振るい、改革を断行し、業績のＶ字回復を果たしたカルロス・ゴーン。役員報酬の過少申告や会社経費の私物化を理由に刑事訴追され、司法の力を借りた勢力に追放された。経営難が去ったらトップも切り捨てる。経営の混乱は日産のお家芸と呼ばれていたのだが。

30

We have left undone those things which we ought to have done, and we have done those things which we ought not to have done.

（我々は為すべきことをしないで放っておき、してはならないことをしてきた）

2022.12.23

聖公会祈祷《きとう》書から

祈祷書とは、キリスト教会で使用される礼拝などの式文の集大成。結婚式で神父が言う「死が二人を分かつまで……」なども祈祷書の一節だ。年末にあたり自分自身の1年を振り返ってみるのも有意義だろう。

この言葉で、岸田内閣の経済政策を想起せざるを得ない。先ごろ成立した29兆円規模の第2次補正予算だが、財源の8割を国債（借金）に頼っている。電気・ガス代の補助などを各家庭に一律に大盤振る舞い、「財源なき歳出拡大」を続けている。巨額の経済対策がないと「国難に耐えられない」との声も上がったが、欧米のインフレ率やエネルギー価格の高騰に比べれば日本のインフレ率はずっと低い水準だ。原料高などのコスト高を価格転嫁するのも難しく、物価高への耐性が著しく低い日本。バラマキを続けていると、補助が終わった時や本格的な物価高が襲った時の対応が極めて困難になる。

すべきことを放置した例としては、財政健全化への努力だけでなく、雇用の流動性や生産性の向上に結び付く雇用改革や原発再稼働を含むエネルギー施策などがあげられる。歴代内閣の度重なる経済対策が経済成長や賃金上昇に結びついただろうか。

財源なき大型減税や光熱費の抑制策などを打ち出した英国トラス政権は、株安、ポンド安、債券安という市場の審判を受け、発足わずか44日で辞任に追い込まれた。日銀が国債を無制限に買い支える日本では、その教訓は生かされなかったようだ。

明日はクリスマスイブだ。ウクライナや大水害に苦しむパキスタンなどの世界を見るにつけ、平和で暮らせることに感謝したい。

「クリスマスを自分に与えられた恵みを分かち合う機会にしない限り、アラスカにあるすべての雪をもってしても、ホワイト・クリスマスにはならない」（ビング・クロスビー）

31

風蕭《しょうしょう》々として易水《えき》寒し
壮士ひとたび去りて復《ま》た還らず

史記　刺客列伝

2023.02.10

古代中国、燕の太子・丹は、秦王の政（のちの始皇帝）に深い恨みを抱き、その暗殺を計画する。刺客として選ばれた荊軻《けいか》は、秦王に会うには燕の領地の割譲と秦から亡命してきた将軍樊於期《はんおき》の首が必要と考える。丹は反対するが、荊軻がひそかに暗殺計画を話すと、樊於期は自害し自ら首を差し出した。一族を皆殺しにされた秦王への怨みは深かったのだ。こうして準備は整った。

秦に近い易水のほとりで送別の宴が催される。荊軻が生きて戻ることはないと誰もが悟っている悲壮な場面だ。その場で荊軻が朗詠したのがこの歌だ。易水の寒々しい情景が脳裏に浮かぶ。二つの献上品で秦王との面会がかなった荊軻だが、惜しいところで暗殺は失敗し、殺されてしまう。

筆者がこの史記を学んだのは、高校時代の『大学受験ラジオ講座』の放送だ。深夜にラジオから滔々《とうとう》と流れてくる漢文は、背景説明や解説も分かりやすく、漢文嫌いを和らげてくれた。塾も予備校もない片田舎で、ラジオ講座は受験勉強の強力な助けになった。

一昨年、大学入試共通テストにおける「読む・書く・聞く・話す」の4技能を測る民間英語試験の導入が断念された。日本人の英語力の低さ、特に話す能力の弱さは周知のことで、改革の必要性は大方が認めるところだったが。

昨年、初実施された都立高校入試で活用される中学生英語スピーキングテストも、反対者が訴訟まで起こす事態になった。受験機会の公平が担保されない、審査基準が不明確などの問題点が指摘されたが、いずれも対応可能だろう。改革の狙いや方向性は良いが懸念があるとすぐ諦める。日本の弱さの表れではないのか。課題はあれども、実現に向けた前向きな議論と対応こそ今の日本には必要だと思うのだが。

32

人は、生まれ、苦しみ、そして死ぬ

サマセット・モーム

2023.03.17

サマセット・モーム（1874～1965）は、イギリスの小説家で医師でもある。代表作の一つが自身の伝記的長編『人間の絆』だ。

主人公フィリップは幼くして両親と死別し、厳格な牧師の伯父に育てられる。足の障がいのため劣等感を抱きつつ、聖職者を目指すが、計理士、画家と挫折を重ね、医師を志す。愛する人にも裏切られる。人生の意味を問い続けるフィリップだが、友人の急死で疑問が氷解する。ヒントは、東方の王様の逸話だ。王は、人間の歴史を知る賢者から500巻の書を献上されるが、国事に忙しく要約を命じる。20年後、賢者が

50巻に要約したが、王はもう老齢で、さらに要約を命じる。20年後、賢者は国王所望の知識を1巻にした書を持参するが、王は死に瀕し、それすら読めない。賢者は王様の耳元で、1行にして口述した。「人は、生まれ、苦しみ、そして死ぬ」と。そしてフィリップは、人生に意味などない。生も無意味なら、死も無意味であると考えるに至る。

苦しみの連続の人生と言えば、放送中の大河ドラマの主人公の徳川家康だろう。岡崎城主の嫡男《ちゃくなん》に生まれるも幼少から人質暮らしの家康。時代の波にもまれ、有力武将に阻まれ、時には恥辱を重ね、信長の命により長男を自害させ正室の殺害に至る。75歳の生涯は苦労に満ちたものだ。彼の一生は、その有名な遺訓に表れている。「人の一生は重荷を負うて遠き道を行くがごとし。急ぐべからず……不自由を常と思えば不足なし……」である。

さて、人生は無意味と悟ったフィリップは、彼を苛《さいな》んできた様々な責務や重荷から解放され、完全な自由を感じ幸福感を得て、新しい道を歩み始める。読後感は爽やかな思いに包まれた。

33

馬上少年過《す》ぐ　世平らかにして白髪多し
残躯《ざんく》天の赦《ゆる》すところ　楽しまざるをこれ如何せん

伊達政宗

2023.03.31

伊達家17代当主であり、仙台藩を創建し、独眼竜政宗として有名な伊達政宗（1567～1636）。東北という遠隔の地で、秀吉や家康らから30年遅く生まれたため、中央の覇権争いに加われず、奥羽の英雄の地位にとどまらざるを得なかった。敵方に拉致された父親を敵もろともに射殺したり、お家騒動の芽を摘むため弟も殺害する。政宗の一生は戦乱の中、馬上で多くの時を過ごし、家康の全国統一後は仙台藩の領国経営に注がれた。

一方、戦国大名には珍しく詩歌にも堪能で、この詩は政宗が晩年に自身を回顧したものだ。戦乱が終わり、天が与えてくれた余生を楽しまなくてどうするとの意だが、天下取りに加われなかった悔いも含みつつ、老境に入る中で前向きに過ごそうという心情が吐露されている。

さて、日本人の働く期間が長くなっている。中国人の訪日客が、日本ではコンビニ店員やタクシーの運転手など高齢者が多いことに驚くそうだ。実際、総務省の労働力調査によれば、就業者全体に占める65歳以上の高齢者の割合は年々増加し、70歳男性の就業率は5割近い。

中国では、男性は60歳、女性は50歳（一部55歳）の定年が基本で、その後は働かないことが普通だという。もっとも、中国政府も平均寿命が延び、年金財政の逼迫《ひっぱく》の懸念から定年を延長したいが、国民の反発が強いという。米国では、コロナ禍の影響や資産価格の上昇で早期引退した人の労働市場への戻りが鈍く、人出不足から賃金の上昇要因になっている。日本と彼我の差を感じざるを得ない。収入だけでなく生きがいや健康管理のために働くことは良いことなのだが。

今日3月31日をもって退職する人も多いだろう。再任用や再就職で仕事を続ける人が大部分であろうが、仕事は継続しても、現役時代にできなかった楽しみを見つけてほしいものだ。

コラム

my memory

我が青春の朝日ジャーナル

大学生の時、『朝日ジャーナル』を読み始めた。朝日ジャーナルは、筆者より少し上の全共闘世代や団塊の世代によく読まれた週刊誌だ。当時、国鉄のスト権ストに同情的な評論が目に止まり、購読するようになった。１９７５年の国鉄の労働組合による1週間に渡るスト権要求ストライキに対し、テレビや新聞が批判だらけの中で、組合側を応援するような論調が気にいった。労働法を習い、プロレーバーに意識が傾いていた時期だったからだろう。

田中角栄のロッキード事件の一連の記事、フリージャーナリスト千葉敦子の「死への準備日誌」なども記憶に残る。毎号、読み応えのある記事が多かった。

読み終わった全ての号を段ボール箱で保管し、引っ越しのたびに持っていった。最後に6箱ぐらいなったと思うが、置く場所もなくなり、泣く泣くチリ紙交換に出した。8年間の思い出は、トイレットペーパー1巻になって戻ってきた。

第3章

経済と経営、進歩と革新の必要を考える

34

石器時代が終わったのは、石がなくなったからではない。石に代わる新しい技術が生まれたからだ。石油とて例外ではない

サウジアラビア・ヤマニ元石油相

2021.06.04

オイルショックを経験した世代にとっては、ヤマニ石油相の名前は忘れ難いものがある。1973年のオイルショックの引き金となった産油国の石油戦略を主導し、OPEC（石油輸出国機構）の名を高めた人物である。原油の供給制限と輸出価格の大幅な引き上げにより、原油価格は4倍に高騰。エネルギーの8割を輸入原油に頼っていた日本はもとより、世界中が震撼《しんかん》したのである。

しかし、サウジはその後、行き過ぎた原油高は代替エネルギーの開発を促し、石油離れを加速するとして、需給に応じて生産量を調整する原油供給の調整役を担うようになっていった。

そして、今、各国が競うようにカーボンニュートラル（排出実質ゼロ）を宣言し、4月にバイデン米大統領が主導した気候サミットでは、日本も温室効果ガスを2030年に46％削減（05年比）を打ち出した。都も既に、「ゼロエミッション東京」を高らかに宣言している。再生可能エネルギーの大幅な導入など、脱石油なくしては達成できない厳しい目標である。先進国の石油需要は、気候変動対策や新型コロナウイルスの影響により、19年がピークだったかもしれないとの予測も出始めている。

ヤマニ元石油相の警句が現実のものとなり、石油がエネルギーの王座から降りる日も、そう遠い将来ではないかもしれない。

35

進歩を止めるものは、他ならぬ我々自身である

ハイアール本社の標語

2021.07.02

ハイアールは、冷蔵庫などの白物家電で世界トップシェアの中国の家電メーカーである。創業者でもある張瑞敏《チャンルミエン》CEOが1984年、山東省青島の破産しかけた冷蔵庫工場の工場長に就任した。工場は稼働日なのに操業ラインも止まり、社員が木の窓枠を燃やし、暖を取っている。工場内で用便をするやからもいたという。工場長としての訓令第1号は「工場内で用便すべからず。資材を壊すな」だったとか。そこか

らドイツの技術を導入し、品質管理も徹底し、競争激しい中国市場で勝ち残り、苦難の末、世界160カ国以上で製品を販売するグローバル企業に育て上げた。三洋電機の白物家電部門も買収し、日本での知名度も高めた。張CEOの歩みは、進歩（前進）の繰り返しであった。

張CEOはHPに、「一山放過すれば一山攔《さえ》ぎる」という宋詩を掲げている。山頂に立つと達成感を味わうが、それで満足せず、次に見える山に向かう。そのチャレンジ精神が彼の身上だろう。

最近、進歩を忘れず、常に人生の幅を広げていると思う人は、現在上映中の『いのちの停車場』の原作者、南杏子さんだ。大学卒業後、編集者などを経て33歳（長女が2歳）の時に医学部に学士編入し、38歳で医師となり、55歳で作家となり、人気作を書くなどチャレンジの人だ。

我々も、昨日よりも今日、今日よりも明日、1センチでも前進する意欲を忘れないようにしたいものである。

36

不可能だと教わったことも、それを不可能と知らない人が可能にするかもしれません。不可能だという思い込みが挑戦を妨げているのです

カリコー・カタリン博士

2021.07.16

世界中で新型コロナウイルスのワクチン接種が進んでいる。主流は、ファイザー・ビオンテック製とモデルナ製である。どちらも、メッセンジャーRNA（mRNA）ワクチンである。このワクチンの開発基盤となったのがカリコー博士らによる基礎研究である。

カリコー博士は、祖国ハンガリーの研究機関に在籍するも、研究資金の乏しさから渡米を決意。共産主義体制で、外貨の持ち

出し制限があったため、全財産900ポンド（約14万円）を娘のテディベアに隠して出国。米国での研究環境、年収も恵まれたものではなかったが、RNAの研究に没頭。生のニンジンを丸かじりしながら論文を読んでいたという逸話もある。

2005年、ペンシルベニア大学の同僚ドリュー・ワイスマン教授と共に重要な発見をする。人工的に作られた遺伝物資「mRNA」は、体内に入れると炎症反応を引き起こし、薬の材料としては使うことは困難とみなされていたが、mRNAの構成物資の一つを置き換えることで炎症が抑えられることを発見。この技術がワクチン開発に決定的に重要だったのだ。

この言葉は、NHKの番組の山中伸弥教授との対談の中での彼女の発言だ。わずか9カ月で、有効性90％を超えるワクチンが実用化された。その裏には、困難とされていた研究に長年取り組んだ歴史があったのだ。

今年のノーベル賞発表の時、世界は彼女の名前を聞くことになるかもしれない。

37

マネジメントに報酬が支払われるのは、判断力に対してであって、無謬性《むびゅうせい》に対してではない

ピーター・F・ドラッカー

2021.09.10

ドラッカー（1909〜2005）は、20世紀において最も有名で影響力のある経営学者だった。マネジメントの概念（管理というより経営）を体系化し、ビジネスコンサルタントの創始者ともされる。自己目標管理、ベンチマーキング、コア・コンピタンスなど、今でも有用なコンセプトを生み出した。

組織においてミドル層からトップマネジメントまで、さまざまな判断が求められる。

特にトップマネジメントは、判断が仕事そのものと言って過言ではないだろう。

無謬とは誤りがないことを言う。誤りを恐れて判断を回避したり、場の雰囲気で安易な判断を下すことがあってはならない。また、過去の判断の誤りを率直に認めて軌道修正することも重要だという。判断に当たって十分な時間や情報があるとは限らないから、普段からの判断力が問われるのだ。

最近では、東京オリンピックの観客について、宮城県の村井知事の判断が注目された。当初、有観客とされた北海道、福島が次々と無観客に転じる中、県民世論は無観客が多数で、地元市長も無観客を要望していた中で村井知事は有観客を貫き通した。無観客なら無難との風潮に流されることなく、復興五輪という命題、病床などの医療体制、有観客で開催中のプロ野球やJリーグとの公平性などを総合的に判断したという。もちろん、判断には責任が伴う。政治家の場合、それは選挙での審判ということになるだろう。

38

教養とは、『日経新聞』の記事を頭からお尻まで全部読んで、理解できることだ。

2021.10.15

立花隆

4月に亡くなったジャーナリストで評論家の立花隆。『田中角栄研究』で金脈批判の先鞭《せんべん》をつけ、日本共産党の研究、宇宙、コンピューター、ロボット、脳死、臨死体験と生命科学、最先端科学まで幅広い分野に関心領域を広げ、探究を続けた「知の巨人」だった。

　母校東京大学の客員教授なども務め、大学生の学力低下を嘆き、『東大生はバカになったか』も書き上げた。そして教養教育の重要性を指摘し、教養教育こそ大学の原点であると説く。

教養の定義については様々な議論があるが、立花は分かりやすくこの言葉で例えている。A新聞やY新聞ではダメなのかと突っ込みが入りそうだが、日経は経済だけでなく、科学欄、情報関係、学芸文化欄も水準が高いと言う。例えば、バイオの記事を読んで理解できれば、生物学の教養はかなりのレベルだと評する。

一方で、その新聞離れが進んでいる。新聞の発行部数はこの20年で35％減少している。そういえば、通勤電車の中で、新聞を広げている人を見なくなって久しい。

総務省の調査によれば、20代、30代の若者の新聞の閲読率は1割未満という。ネットが95％超に対して差は広がっている。ネットで知りたいことだけを知るのではなく、広く社会の動向をつかみ複眼的視野を持つうえで、新聞の役割はまだ大きいと思うのだが。

10月15日から始まる新聞週間の今年の代表標語は、「答えなき　時代のヒントを探る記事」が選ばれた。そういう新聞をぜひ読みたいものだ。

39

2021.10.29

7歳の児童たちの読書量が、将来の世界における英国の位置そのものである

トニー・ブレア英元首相

トニー・ブレア（首相在任1997〜2007年）は43歳の若さでイギリスの首相に就任した。就任中、教育の重視、読書の大切さを度々発言している。子どもたちの読書量の多寡が将来の国力に影響を与えると考えたのだろう。

確かに読書と学力は正の相関がありそうである。文部科学省の報告書によれば、「親の年収や学歴が低くても学力が高い児童の特徴は、家庭で読書や読み聞かせの習

慣があること」と指摘されている。

その子どもの読書量が減っている。学研教育総合研究所の小学生1200人を対象にした昨年の調査では、1カ月に読む本は3冊と30年前の3分の1になっている。今時の子どもだから電子書籍で読んでいるのかと思えば、電子書籍（雑誌・漫画含む）の利用率は11・5%。1日の平均利用時間は6分に過ぎない。ちなみに学習目的以外のネットによる動画閲覧、情報収集、ゲームは115分だ。

2018年のOECDの学習到達度調査（PISA）で、日本の生徒の読解力は15位と、12年の4位、15年の8位から順位を落とした。この調査でも「読書が好き」と答えた生徒ほど読解力の得点が高かった。下落の一因は18年調査から導入された、PCを利用しウェブサイトから必要な情報を収集、評価し、根拠を示したうえで自らの考えを説明するなどICT（情報通信技術）を活用した読解力が不足していると分析された。グローバルな情報社会で必須な読解力が求められるが、読書による基礎的な読解力の重要性が失われることはないだろう。

40

一円の払い過ぎた税金なく、一円の払い足らざる税金なし

飯塚毅

2021.11.12

飯塚毅（1918〜04）は終戦翌年に栃木県鹿沼に会計事務所を設立、厳格な執務基準と租税正義を貫き、事務所職員と顧客である中小企業も厳しく指導した。当時の執務上の姿勢がこの言葉に表れている。63年には栃木県と都内で600社の税務顧問を務める全国有数の会計事務所に育て上げた。

そんな時に「飯塚事件」が起きる。納税者の権利擁護で、税務訴訟や審査請求など

で税務当局と度々対立したことなどから、前代未聞の大規模税務調査（査察）を受けたのだ。延べ2千人以上の査察官による飯塚事務所と関与先（顧客）の調査が1年以上にも及び、事務所員4人が脱税教唆などで逮捕・起訴された。「飯塚事件」は国会でも審議され、税務当局の不当で熾烈《しれつ》な調査が追及されたが、裁判は7年にも及び、結局全員無罪判決を受けた。この一連の経緯は高杉良の実名経済小説『不撓不屈《ふとうふくつ》』（新潮社）に詳しい。

また、飯塚は会計業務におけるコンピュータの有用性にいち早く気づき、66年、会計事務所や地方公共団体向けに栃木県計算センター（ＴＫＣ）を設立した。その後、年々業容を広げ、今では法人税の申告処理にＴＫＣシステムを使う法人は60万社に及ぶという。

２０２０年度の国の税収は60・8兆円と過去最高を記録。消費税増税などが寄与したが、コロナ禍における納税者の労苦も忘れてはならない。11日からは納税意識の高揚を図るとして、「税を考える週間」が始まった。税金の使途も含め納税者の納得感、公平感の醸成にも努めてもらいたい。

41

人々は、全くの愚者の楽園に住んでいて、戦後の世界に自分たちを合わせようとしない

ジョン・メイナード・ケインズ

2021.12.03

世界的に著名な経済学者であり、官僚でもあったケインズ。１９４４年、戦後の国際的な金融・経済体制を英、米、中、ソなど連合国が話し合うブレトンウッズ会議に、英国代表として参画する。大英帝国を維持し、英国の負担を最小限にすべく交渉するが、米国案が基礎となりブレトンウッズ協定が成立する。安定した為替相場の下で、自由に貿易を行える体制が確立し、国際通貨基金（ＩＭＦ）や世界銀行が設立された。

心臓病が深刻なケインズだがすぐまた厄介な仕事を引き受けた。戦争で大打撃を受け、破産寸前の英国のため、米国から巨額の無利子借款を得る交渉である。ワシントンで英本国と米国との板挟みとなったケインズが、その健康と名誉を引き換えに引き出した有利子借款や付帯条件に英国内の反発は厳しかった。英国は戦争で米国の何倍も苦労したから、支援は当然と考えていたからだ。失意のケインズが友人に書いたのがこの言葉だ。続けて「英国は、自国の地位や力がかつてと同じでないことを受け止める準備ができていない」とも。大英帝国の終焉《しゅうえん》が近づいているのに、国民は「愚者の楽園」に住んでいると嘆いたのだ。

先月19日、政府は約56兆円規模の経済対策を発表。18歳以下に10万円相当の給付金支給などが決まった。過去の給付金の様々な教訓は生かされずに。先進国で最大・最悪の政府債務残高を抱えながら、借金による効果の乏しい給付金（世論調査でも反対が多い）をなぜ繰り返すのか。日本を愚者の楽園にするかのように。

42

最も美しい森林は、また最も収穫多き森林である

アルフレート・メーラー

2022.02.25

メーラー（1860〜1922）はドイツの林学者で、健全で美しく整備された森林は良質の木材や林産物を多く供給できると唱えた。

日本では、戦後の復興期や高度成長期に大量に植林されたスギ、ヒノキが伐採適期を迎えている。しかし、木材価格の低迷と輸入材に押され、適正な管理もなく放置され、多くの花粉を飛散させ、都民の2人に1人を悩ませる花粉症の原因になっている。

石原知事が始めた花粉対策として、都は山林所有者から立木を買い取り、主伐し、花粉の少ないスギやヒノキを植林。伐採した木材は多摩産材として流通・活用することで東京林業の再生を図っている。間違いなく同知事の功績の一つだろう。

一方、昨年アメリカの住宅需要の急拡大とコンテナ不足などにより、ウッドショックと呼ばれる輸入木材の価格高騰が起き、まだ続いている。木材の6割を輸入に頼る日本への影響は大きい。国産材の増産は、林業労働力不足やインフラ整備の遅れで容易ではない。

今年も花粉の飛散が始まっているが、森林の整備は花粉症対策だけでなく、水源の涵養《かんよう》、国土の保全、地球温暖化防止などにとって極めて重要だ。森林は、森林大国日本の再生可能資源の最たるものだろう。それを支える林業の活性化と木材の利用拡大が重要だ。

それらの財源として森林環境税及び森林環境譲与税が創設され、年600億円規模だ。森林環境税の徴収は2024年度からだが、森林環境譲与税は既に19年度から全自治体へ配布されている。その積極的な活用が急務であろう。

43

I'd like to die on Mars, just not on impact.

（火星で死にたい、ただし衝突死ではなく）

2022.07.15

イーロン・マスク

イーロン・マスクは現在、最も革新的な実業家・エンジニアであり、世界一、二位を争う富豪でもある。彼の起業家精神は、エネルギーにあふれている。ＥＶメーカー、テスラを率いてＥＶ販売台数世界一にのし上げた。宇宙開発企業のスペースＸを創業し、２５００機の人工衛星で全地球をカバーする衛星インターネット網「スターリンク」を構築（これはウクライナに供与され、対ロシア戦で成果を上げた）。ラスベガスにＥＶ車専用の地下トンネルを掘り、渋滞解消を図り、ＡＩ研究や人と同等の知能で活動ができる人型ロボットの開発着手など枚挙にいとまがない。大風呂敷を広げたと思える計画に次々と挑戦していく。

その最たるものが火星移住だろう。超大型で再利用可能なロケット「スターシップ」で有人火星探査を行い、さらに火星に1万人規模の都市建設を目指すものだ。地球に閉じこもっていては人類の未来はないと、現代の「ノアの箱船」だ。

火星には既にNASAや中国が無人探査機を着陸させ、探査を続けている。またUAEなども火星探査機を火星軌道に乗せた。日本も火星衛星探査機を2024年に打ち上げる。各国の火星開発競争が激しい。そこにスペースXが野心的に挑戦しようとするものだ。

一方、マスクのツイッターなどでの発言は過激で、影響力も大きく、しばしば物議を醸す。そのツイッターを買収することで基本合意したが、直近の報道によれば、マスクは買収撤回を発表し、訴訟は不可避の情勢だ。

今年は、アポロ17号の最後の有人月面着陸から50年だ。火星への足掛かりになる月面基地建設を含め、宇宙計画が目白押しだ。何十年か後、人類の火星移住を目撃するときが来るかもしれない。

44

インターネットはビジネス界に落ちた隕石《いんせき》だ。隕石で恐竜が滅んだように適応できない会社は滅びる

出井《いでい》伸之（ソニー元CEO）

2022.07.22

2003年4月25日、日本のハイテク企業の雄、ソニーの株価は前日の決算発表を受け暴落し、2日連続でストップ安を付けた。これは東京市場全体に波及し、日経平均株価はバブル後最安値を連日で更新した。いわゆるソニーショックである。この時の会長兼CEOが出井伸之だ。

出井は1995年常務から異例の14人抜きでソニーの社長に抜擢《ばってき》される。早くからインターネットがビジネスに与える影響の大きさに注目し、電機メーカーからデジタル、IT企業への変身を目指した。また、

経営面ではコーポレートガバナンス（企業統治）改革を進めた。取締役を40人から10人に減らし、社外取締役を積極的に迎え、日本初の「執行」と「監督」を分離する執行役員制度も導入する。財務面では、事業ごとに投下資本と成果（利益）を管理するEVA（企業付加価値）の指標を取り入れる。海外の大企業のトップとの交流など華麗な人脈も誇り、出井体制10年の前半は名経営者の呼び声が高かった。

ただ、急激な改革は、ものづくりを重視し、かつてのソニーの自由闊達《かったつ》さを尊ぶ一部の役員、社員、OBの不満を招くことになる。業績好調時に不満は表面化しないが、ソニーショックを期に一気に噴出する。出井は改革の道半ばで相談役に退くことになった。

今年5月10日、ソニーの21年度決算が公表され、過去最高の1兆2千億円の営業利益を上げた。ゲーム、音楽、映画などが利益に大きく貢献、伝統的な電機部門は23％程度だ。出井が目指したデジタル改革「デジタル・ドリーム・キッズ」の夢が開いた。この6月に亡くなった出井は、この決算をどのような思いで聞いただろうか。

45

潮が引いた時、誰が裸で泳いでいたかが分かる

ウォーレン・バフェット

2023.01.20

米国の投資会社バークシャー・ハサウェイを率いる92歳のバフェットは、世界一有名な投資家と言っても過言ではないだろう。バフェットがバークシャーの経営権を握った1965年から50年後の2015年の時点で同社の株価は2万倍になった。米国の代表的な株価指数S＆P500は同期間140倍、日経平均は16倍だった。今でも彼の投資動向は米国はもちろん、日本にも大きな影響を与えている。彼は投資の世界で上昇相場が終わり、相場環境が大きく変わった時、無防備で損失を抱える投資家や

企業があらわになると言う。

英国の年金基金は低インフレ、低金利が続く前提で、レバレッジをかけたハイリスクな投資を続けていた。しかし、高金利、高インフレに市場環境が一変し、さらに財源なき大幅減税を掲げるトラス政権の登場で国債市場が暴落（金利は高騰）した。担保の国債価格の暴落により追加担保の差し入れを迫られた基金は、保有する国債、社債、株式などの投げ売りを余儀なくされ、損失は全体で25兆円にも及んだという。

27歳で暗号資産交換所ＦＴＸトレーディングを創業し、3年で世界2位まで急成長させたサム・バンクマンフリード（ＳＢＦ）。そのＦＴＸが経営破綻《はたん》した。負債は7兆円に上るという。破綻処理のため新ＣＥＯに就いた企業再生の専門家ジョン・レイは、ＦＴＸは企業統治の機能不全と財務情報の完全なる欠落と断じた。顧客の預かり資金の流用やずさんな経営実態が明るみに出た。ＳＢＦは、詐欺など八つの罪で逮捕・起訴された。

かつてＳＢＦが出資を仰ぐ会議で熱弁をふるうと投資家はすっかり魅せられ、すぐに出資を決めた。詐欺に近い若者の大言壮語を信じた投資家の眼力も問われている。

46

見せかけの成功を追うな

(No more Success Theater)

2023.03.03

ジョン・フラナリー
（ゼネラル・エレクトリック前ＣＥＯ）

ゼネラル・エレクトリック（ＧＥ）は、米国を代表するエクセレントカンパニーだった。そのＧＥが、なぜ一時は解体の危機に瀕《ひん》するまで凋落《ちょうらく》したのか。その内実を描いたのが、『ＧＥ帝国盛衰史』（トーマス・グリタ＆テッド・マン著）である。

20年間、ＧＥのＣＥＯに君臨し、名経営者と言われたジャック・ウェルチ。後を継いだのは、ジェフ・イメルトだ。この時代、ＧＥは苦難の連続だった。２００１年、米国同時多発テロでは主力の航空機ジェットエンジンの需要が蒸発した。金融事業で巨大な利益を稼いでいたＧＥをリーマンショックが襲い、政府の助けが必要なほど危機は深かった。業績低迷の中でも企業買収や自社株買いで無理を重ね、最後までGEの成長を喧伝《けんでん》した陽気なイメルトが退任。後任の財務に詳しい新CEOのフラナリーは社内の帳簿を精査して愕然《がくぜん》とする。主力事業の利益が、見せかけの帳簿上の利益に過ぎなかったからだ。前任の2人のCEOの負の遺産に苦しむことになる。この言葉は、フラナリーが唱えたものだ。事業を精査し経営のスリム化を進めるには、「見せかけの成功」ではなく真実をさらすことが重要だと。そのフラナリーだが、業績悪化と株価低迷の責任を問われ、わずか14カ月で辞任する。だが、彼の方針が正しかったことは後任者がその路線を継承したことで明らかだろう。

さて、国も都も来年度予算の議会審議が行われている。国は114兆円超、都は8兆円超といずれも過去最高額の当初予算だ。こうした時は各部局に潤沢な予算が配分され、中には要求額以上の予算措置もありうる。問題は執行だ。予算の執行過程で多くの課題に直面するものだ。どうしても奇麗な成果を見せがちだ。苦しくても、見せかけの成果を追わず、国民、都民に真に役立つ執行に努めてもらいたいものだ。

47

価格転嫁を癖にすること。商品やサービスを適正価格で売ってその利潤を賃金に回していくことを考えよう。

小林健（日本商工会議所会頭）

2023.04.28

世界中をインフレが襲っている。昨年、消費者物価指数が米国では対前年比で9％を超え、ユーロ圏では10％を超えた。直近で落ち着いてきたが、なお高い水準だ。

インフレの主因は、パンデミックからの回復過程における供給力不足や燃料など資源価格の高騰だ。このため欧米では、物価が高騰した分、労働者が賃上げを求め、それに応じた企業もその分を価格転嫁する、賃金・物価スパイラルが起こっている。

対して日本はIMFのインフレ率ランキング（2022年4月）で、192カ国の最下位で0・98％と1％に届かない。例えば、卵の価格（1キロ）は1989年から

2022年までの30年超、190円前後で推移している。まさに物価の優等生だ。賃金は、2000年から21年までの名目賃金の年平均伸び率はOECD加盟国中最下位のマイナス0・2％である。これにより、消費者はコスト上昇などの価格転嫁を受け入れず、企業側も価格転嫁に臆病で、賃金も上げられない状態が続いてきた。その結果、日本は成長率が低く、1人当たりGDPは先進7カ国で最低になってしまった。

だが、日本も昨年から燃料・食品など価格高騰が始まった。23年のインフレ率は2・73％の予想だが、末端価格に十分に反映できていない。こうした中で賃上げ実現には、消費者は物価は上がるということの容認と企業側は人件費上昇分の価格への転嫁が不可欠だろう。

日本でも、やっと賃上げの機運が出てきた。連合の調査では、今年の春闘の賃上げ率は3・7％と30年ぶりの高水準となった。これを来年以降にもつなげていく必要がある。今は、賃金と物価の好循環により日本経済を成長軌道に乗せられるかの瀬戸際である。消費者は（多くの場合、労働者でもある）価格転嫁を容認し、賃上げを堂々と要求していくべきであろう。

48

上農は草を見ずして草をとり
中農は草を見て草をとり
下農は草を見て草とらず

宮崎安貞（『農業全書』）

2023.06.23

宮崎安貞は江戸時代前期の農学者で、その著『農業全書』は日本で初めての体系的な農書として、水戸光圀に絶賛され徳川吉宗も蔵書の一つに加えたとされ、長く日本の農業に大きな影響を与えた。今でも岩波文庫として刊行されている。

上農（優秀な農家）は、雑草がまだ地表に現れる前に中耕除草する。遅れると手に負えなくなるからだ。除草を効率的に行うための教えだ。とにかく高温多湿の日本は、雑草天国と言われる。除草作業は昔はもちろん、薬剤や器具が発展した今でも困難な作業の一つだろう。もっとも、あえて除草を行わない自然農法も一部行われているが主流ではない。

さて、日本の農家数の減少が止まらない。

農林業センサスによると、日本の農家（法人などを含む）は、この10年間だけでも169万9千から107万6千へと36％減少している。そして農家の約7割が65歳以上である。

一方、農産物価格の低迷は深刻で、例えば米の生産者価格（玄米60キロ）は、1990年の2万1600円から2021年は1万3144円と40％も下がっている。最近やや上昇しているが1万4千円弱に過ぎない。日本の農業は、価格水準の低い国内市場に依存した低収益体質と言える。これでは農家を継ごうという人は少ないのも当然だ。

このため政府は農家の収益拡大を狙って農産物の輸出を推進している。昨年の農林水産物・食品の輸出額は、前年から14・3％増え1兆4148億円となり、10年連続で過去最高を更新した。もっとも、輸入は円安などもあり31・7％増の13兆4056億円となり、輸出入ギャップは広がっているのが実情だ。

食料安保の観点からも国内自給率を高めることや輸出拡大による農家収益の確保が、農業の後継者問題に好影響を与えることを期待したい。

GE（ゼネラルエレクトリック）の光と影

世界有数の優良企業GEで、20年間CEOを務めたジャック・ウェルチ。徹底したリストラと攻めの経営で在任中、売り上げは5倍、株価は40倍になった。ただし、数字（業績）への強いこだわりと容赦ない処遇が、多くの部門で粉飾に近い帳簿の操作を生んでいった。後任のジェフ・イメルトも会計上の無理に気づいたが路線を踏襲する。そして、すべてのモノがインターネットにつながるIOTをぶち上げ、その先進性は『日経ビジネス』でも大きく取り上げられた。ただ、その内実は、ソフトウェアも未完成段階での見切り発車で、40億ドルを投資したが結局とん挫した。

9・11同時多発テロやリーマンショックにより、GEは解体の危機に瀕する。同時に、企業経営の透明性に疑問符が投げかけられ、株価の低迷も続く。イメルトの後任CEOのフラナリーは14カ月で辞任に追い込まれた。GEは会社を救う経営者を最も必要とするとき、その人材を外部に求めざるを得なくなった。

第4
政治と政治家、リーダーシップと危機管理について

49

選挙に僥倖《ぎょうこう》などはあり得ない。流した汗と振り絞った知恵の結果だけが出る

田中角栄

2021.06.25

田中元首相ほど生前と死後の評価が変わった政治家も珍しい。生前は金権体質だ、闇将軍だと散々な言われようだった。国会議員時代、田中首相に対して金権主義を最初に批判し、真っ向から弓を引いた人は石原慎太郎元都知事だ。しかし、石原さんも、その後は角さんのすごさを認めている。ついには、角さんに憑依《ひょうい》し、一人称の『天才』（幻冬舎刊）を書きあげた。角さんの先見性、発想力、圧倒的な度量の大きさを

認めている。

角さんは選挙の神様とも言われた。その信条がこの言葉に表されている。ロッキード事件で被告の身ながらも、「どぶ板」的な選挙で圧倒的な強さを発揮していた。

そして、きょう25日、都議選が告示された。角さんの時代と今では選挙を取り巻く環境も変化した（例えば、ホームページやSNSの活用などネット選挙の解禁や18歳選挙権など）が、選挙戦の実相は案外変わっていないと思う。それだけに、コロナ禍の中で有権者に直接訴える機会が制限され、歯がゆい思いの候補者も多いと思う。

ただ、都議選の場合、歴史的には、候補者個人の努力もさることながら、中央政界のゴタゴタや内閣支持率の影響を直に受けてきた側面も強い。どちらにしても、厳しい選挙戦になっていくだろう。

最後に角さんの名言をもう一つ。「わかったようなことは言うな。気の利いたことを言うな。そんなものは聞いているものは一発で見抜く。借り物ではない自分の言葉で、全力で話せ」

50

危機になってから動くのでは遅い。危機が起こっている最中に一からシステムを作り上げるのは、どれだけ優秀な人がいたとしても苦しい

政府CIO三輪昭尚

2021.08.27

２００1年、ＩＴ基本法が施行され、５年以内に世界最先端のＩＴ国家を目指す「ｅ－Ｊａｐａｎ戦略」が策定されたが、その後の国のＩＴ施策は失敗例が目立っている。

例えば、04年から始まった特許庁の基幹系システムの刷新プロジェクトは、８年の歳月と55億円の経費を使い頓挫した。受注者側のスキルの問題もあったが、発注者である特許庁のプロジェクト管理が不十分と

指摘された。「消えた年金問題」と大量の年金個人情報の外部流出も大問題となった。

最近では、10万円の特別定額給付金のマイナンバーカードによるオンライン申請の大混乱だ。申請段階での誤入力のチェック機能の欠如、自治体の持つ住民情報との照合に膨大な手間がかかる等の理由で多数の自治体で受付を中止した。日本のデジタル敗戦を印象付けた。HER－SYS（新型コロナ感染者情報把握システム）も機能不足や使い勝手の悪さから利用が敬遠された。コロナ禍の中で効果が乏しいシステムが頻発した。

困難な状況下で政府CIO（内閣情報通信政策監）の言葉が切実だ。これらの経験を踏まえ、政府はデジタル社会形成基本法などデジタル改革関連6法を成立させた。

9月1日、内閣直属の機関として強力な統括・監理権限を持つデジタル庁が発足する。政府のデジタル化の司令塔兼実行役として、民間の精鋭も集めたデジタル庁への期待は大きい。デジタル敗戦から立ち上がり、再起動する最後のチャンスではないだろうか。

51

民主主義国家において、国民はその程度に応じた政府しか持ちえない

松下幸之助

2021.10.22

文字通り裸一貫で松下電器（現パナソニック）を創業し、世界的な企業に育て上げ、経営の神様とも称された松下幸之助。政治はお上に任せておけばいいという考えではなく、主体的に関わることが必要だとし、国家や政治について自分の考えを広く発信している。この言葉は、J・S・ミルの「国家の価値は、結局、それを構成する個人個人のそれである」と相通じるものがある。

そして1979年、84歳の時に私財を投じて松下政経塾を設立する。開塾の理念は「21世紀に、日本と世界の平和と幸福と繁栄に貢献する本物の政治家を育成する」ことだ。この塾から元首相の野田佳彦、高市早苗など多くの政治家を輩出することになる。

一方、幸之助の期待する国民の政治への関心だが、「政治への不満はネットであふれても、選挙では投票しない日本の謎」とニューズウィークでイラン出身のライターに指摘されている。確かに、直近3回の衆院選の投票率は平均で55%と1970年代の71%から16ポイントも下がっている。特に20代の若者の投票率は、直近3回平均で35%に過ぎない。全体の投票率から20ポイントも低いと同時に、60代の半分以下である。

幸之助は「国民が政治を嘲笑している間は、嘲笑に値する政治しか行われない」とも言っている。

4年ぶりの衆議院選挙の投票日が近い。もう一度、幸之助の言葉をかみしめて投票所に向かいたいものだ。

52

煙が晴れるのを待っていてはいけない。事態が明確に見えてくるころには手遅れになっている

2022.01.28

マイケル・ルイス

２０１９年10月、米ジョンズ・ホプキンズ大学がパンデミックに対する準備・対応力について１９５カ国をランク付けし、「グローバル・ヘルス・セキュリティ・インデックス」を発表した。世界1位に輝いたのは米国、2位はイギリスだ（ちなみに日本は21位）。その米国が、新型コロナウイルスの感染者は7千万人、死者は86万人を超え、世界最悪の感染国になっているのは皮肉である。

優れたノンフィクション作家のマイケル・ルイスはその著書『最悪の予感－パンデミックとの戦い』の中で、モンタナ州の山火事を例にこの言葉を紹介している。最初は小さな山火事と判断し、退却が遅れて14人の消防士が犠牲になった。我々は何か問題が明確になってから反応する傾向があり、事態が悪化して初めて行動を起こす。悪化のスピードを過少評価している、と。まさしく新型コロナへのトランプ政権とCDC（米国疾病対策センター）の対応だった。

「天然痘を撲滅した男」CDCのフェイギー元所長は、今回の米国の対応が将来の公衆衛生の教科書に悪い見本として掲載されるだろうと書いている。もっとも、有効性95％のワクチンを早期に開発し、世界に供給できる米国の底力も忘れてはならないのだが。

日本で最初の陽性者が確認されてから2年が経過しても、オミクロン株が猛威を振るっている。今後も新型コロナの変異株や新たな感染症の発生は不可避と言われている。この言葉は疾病対策はもちろん、様々なリスクへの心構えとして有意義な示唆となろう。

53

私はあの時、自分と一緒に死んでくれる人間の顔を思い浮かべていたんです

吉田昌郎《まさお》（東京電力福島第一原子力発電所元所長）

2022.03.11

3・11の大津波は、福島第一原子力発電所の原子炉建屋、非常用発電機や配電盤のある建屋などを襲い、全電源を奪った。中央制御室は暗闇になり、原子炉の状態を確認する水位、温度、圧力などが把握不能になった。その後、1号機から3号機にかけて圧力上昇、冷却のための注水困難、放射線量増加、水素爆発が起きていった。

作家の門田隆将は陣頭指揮を執った吉田所長らを取材し、『死の淵を見た男』を書

いた。吉田は当時の状況を「飛行機のコックピットの中で、計器も何も見えなくなり、油圧もすべて失った中で機体を着陸させるようなもの」と表現し、命を懸けて頑張った部下たちにただ頭が下がると語った。現場の作業員は気体抜きのベントや注水作業などを高い放射線量の中でほぼ手作業で実施していたのだ。

3月15日朝、2号機が危機的な事態に陥る。原子炉格納容器の圧力が上昇し、設計圧力の2倍近くになった。いつ何が起きてもおかしくない状況で吉田は、自分と共に死んでくれる人間を考え始めた。生きることを諦めてくれる男たちを。吉田は、必要最小限の人間を除き退避命令を下した。残った者たちで、最後まで注水は続けなければならない。2号機の格納容器が爆発すれば影響は東京を含む東日本全体に及び、被害は計り知れないからだ。結果的に格納容器爆発という最悪の事態は回避され、冷却は今も続いている。自衛隊や東京消防庁の活躍はもちろんだが、原子炉建屋の足元で最後まで命がけで働いた社員たちの奮闘も忘れてはならないだろう。

54

プーチンは、ああやって自分がいかに男らしいかを見せつけるしかなかったのよ。だからロシアは政治も経済もだめなのよ

2022.05.06

アンゲラ・メルケル独元首相

1989年11月9日、ベルリンの壁が崩壊した時、メルケルとプーチンはともに東ドイツにいた。メルケルは東ドイツ科学アカデミーの研究者だったが、研究に見切りをつけ政治家の道を歩み始める。プーチンはKGB（ソ連国家保安委員会）の諜報員《ちょうほう》でドレスデン支局にいたが、本国に戻るとKGBを辞し、政治の道に入る。

やがて、首相と大統領として様々な場面で意見を戦わすことになる二人については、

『メルケル　世界一の宰相』（カティ・マートン著）に詳しい。プーチンの狡猾《こうかつ》さを示すエピソードがある。メルケルは犬が苦手なことを調べ上げたプーチンは2007年のロシアのソチで会談の時に、自分の大型犬（ラブラドールレトリバー）を突然メルケルにけしかけた。後にメルケルが側近に語ったのがこの言葉だ。

14年4月ウクライナ東部のドンバス地域で、ロシアの支援を受けた親ロシア武装勢力とウクライナ軍との紛争が拡大していく。外交による解決を目指し、メルケルは西側代表としてプーチンと交渉を重ね、最後は徹夜の交渉で、ミンスク議定書と翌年のミンスク合意をまとめ上げた。内容的には複雑で実効性に不安が残る「危うい停戦」と言われたが、大規模戦闘は止めることができた（今回のウクライナ侵攻でほごになってしまったが）。

中国への傾斜に比べれば、親日的とは言い難いが、メルケルの政治姿勢、外交手腕は高く評価されている。人道的な見地からシリア難民を100万人も受け入れるなど、ドイツの国際的な存在価値を高めたことは間違いない。

55

沖縄の祖国復帰が実現しない限り、日本の戦後は終わらない

佐藤栄作

2022.05.13

佐藤栄作（首相在任1964年11月～72年7月）は8年近く首相を務めたが、国民的人気は高くなかったように思う。特に、首相退任時に新聞記者を追い出した、空席の記者会見が悪印象を残した。在任中のマスコミの論調も批判的なものが多かったように感じる。

しかし、就任後間もなく永年の懸案の日韓基本条約の締結、「結社の自由と団結権の擁護」に関するＩＬＯ条約の批准などを果たす。非核３原則を提唱し、70年安保、大学紛争、公害・物価問題など世情騒然と

したが、その都度懸命に対処した。国政選挙では総じて強かったが、東京都知事選では美濃部スマイルと「ストップ・ザ・サトウ」の掛け声で自民党推薦候補が連敗している。

最大の功績は沖縄返還だ。佐藤は戦前、戦後を通じて初めて沖縄を訪問した首相だ。この言葉は、佐藤が現地で語った決意表明である。沖縄の基地は極東の安全保障の要という役割のため、返還時期が見通せない中で粘り強く着地点を探っていく。戦争で占領された領土が平和的に返還された稀有《けう》な事例だ。ジョンソン、ニクソン両大統領との信頼を築いた成果だろう。

今年、5月15日は本土復帰50周年だ。基地問題もあるが、本土との経済格差は今でも大きな課題だ。復帰時点で沖縄の1人当たり県民所得は本土の6割弱に過ぎなかった。直近で72％まで格差を縮めたが、法定最低賃金も全国最下位水準であり、失業率も高い。

しかし、人口増加率は東京に次いで第2位で、出生率は1・86と全国最高だ。明るく楽天的で、若いエネルギーにあふれる沖縄に期待したい。

56

優れたリーダーはみな小心者である。繊細さを束ねて強靭なリーダーになる

荒川 詔四《しょうし》（ブリヂストン元ＣＥＯ）

2022.05.20

荒川はブリヂストン入社後、タイ、中東、ヨーロッパなどでキャリアを積み、米タイヤメーカー・ファイアストン社の買収では実務を取り仕切るなど海外事業で業績を上げる。仏ミシュランを抜いて世界トップシェアのグローバル企業になったブリヂストンのＣＥＯに就き、名実ともに世界ナンバーワン企業の基盤を築くことを目指し、14万人の社員を率いた。

この言葉は、一流のリーダーこそメンバーの心の内面に気を配り、リスクに備えて万全の準備を怠らない。そうした「小心

さ」と「繊細さ」を備えていなければならないと説く。もちろん、常に心配ばかりの小心さではなく、時には豪胆な決断も必要だが、「小心な楽観主義者」が最強だというのだ。荒川が自身の経験を踏まえて書いた『優れたリーダーはみな小心者である。』（ダイアモンド社刊）は、自身の失敗も率直に語るなど、分かりやすく実践的なリーダー論である。様々な悩みを抱えているあらゆる階層のリーダーに読んでほしい1冊だ。

5月29日は東京都職員の管理職選考の日だ。受験に当たっては、自分の適性やキャリアなどで迷う人も多いが挑戦してほしい。組織には健全な上昇志向を持った人間が必要だ。意思決定に当たる覚悟と能力を持った人材が。管理職向きな性格などない。「地位が人を作る」という格言もある。荒川も入社動機は、「ブリヂストン美術館で仕事がしたい」という内気なものだったと告白している。

＊

「明日マネジメントに当たるべき人間を今日用意しなければならない」

P・F・ドラッカー

57

中止補償は金で賄いがつく。青島は約束を守れる男かそうでないのか、信義の問題なんだ

2022.05.27

青島幸男

1995年の都知事選で、青島は自公などオール与党相乗りの元内閣官房副長官・石原信雄などの有力候補を抑え、170万票を獲得して圧勝する。この時も、政見放送以外は街頭演説などの選挙運動を一切しない選挙スタイルで下馬評を覆した。公約の一つは鈴木前知事が臨海部開発の起爆剤に据えた世界都市博覧会の中止だ。

就任後、着々と準備が進む都市博の予定地を視察し、都議会の圧倒的多数での開催決議も受けた。中止補償は1千億円とも言われた。開催まで10カ月となり、決断のタ

イムリミットの5月31日、翻意して開催ではとの期待もある中、青島はこの言葉で開催中止を表明する。究極のちゃぶ台返しと言われた。

課長のとき、部長とGレク（当時はこう言っていた）に臨んだ。都庁舎の省エネ推進という案件だったが、聞き手は知事一人だけ、筆者の説明を黙って聞いて、最後に部下の我々に向かって、「ご苦労を多としますす」と一言。「意地悪ばあさん」のイメージで身構えていたのに、何とも丁寧だったことを覚えている。幹部の説得により、当時新築の知事公館に入居したのも青島知事だけだ（豪華批判もあったが、建設費は10億円、同時期の名古屋の東山動物園のカバ舎は12億円だ）。

都市博中止後の青島は目立った成果もなく、精彩を欠いていく。永六輔は、青島を「敵に回すと恐ろしいが、味方に来ると頼りない」と評していたという。任期間近に循環型社会づくりというテーマを見つけ、都庁組織の大胆な再編案も発表するなど、再選出馬かと注目された記者会見。「都知事選に再出馬いたさないことを決意しました」と、最後も丁寧な青島であった。

58

お金持ちを貧乏にしても、貧乏な人はお金持ちになりません

マーガレット・サッチャー英元首相

2022.06.24

サッチャー（1925～2013）は英国初の女性首相で、首相在任は11年に及んだ。強硬な政治方針と信念から「鉄の女」と呼ばれた。高福祉の見直し、国営企業の民営化、非効率企業への国家援助の削減など、痛みを伴う改革を推し進めた。労働組合活動を制限する一方で、最高所得税率を83％から40％に減税し、豊かな層の経済活動の活発化を図った。批判も多かったが英国病と言われた英国経済を活性化させた功績は大きい。「人から好かれようとしては、何も成し遂げることはできない」とも言っ

ている。

岸田首相の提唱する新しい資本主義。当初は分配なくして成長なしなど分配重視の姿勢で、株式の配当や譲渡益への課税を強化する「金融所得課税」の検討などを打ち出し、投資家は警戒した。ところが最近は、2千兆円にのぼる個人の金融資産をほとんど金利ゼロの預貯金から投資にシフトさせ、投資の果実を家計に及ぼす資産倍増を打ち出した。NISA（少額投資非課税制度）の拡大などの総合的な「資産所得倍増プラン」を作るという。

日本では個人の金融資産の半分以上が現・預金であり、欧米に比べ安全志向が突出している。コロナ禍もあり、消費が停滞し、2人以上の勤労世帯の貯蓄率（黒字率）は何と37％にも及ぶ。過剰貯蓄、消費低迷のもとでは経済はいつまでも回復しない。積極的な資産運用と消費の拡大を通じて、日本経済全体の底上げにより賃金も上がる好循環を作る必要がある。

ただ、資産運用にはリスクがつきものだ。リスクを正しく理解し、リスクをとる姿勢を身に付ける金融リテラシーが肝要になって来よう。

59

米国が世界に与える最高の資産、それは過去も、今も、将来も、希望であった、希望である、希望でなくてはなりません

安倍晋三（米連邦議会演説）

2022.07.29

参議院選挙の遊説中に銃撃に倒れた安倍元総理。功績の一つが外交、特に対米外交への尽力だろう。この言葉は2015年、オバマ大統領に招かれた米国訪問中の連邦議会での演説の一節だ。安倍は、演説で自身の会社員時代のNY勤務の経験などを交え、自由で多様で民主主義のリーダーである米国を、希望の国とたたえ、ともに「希望の同盟」を作ろうと結んだ。

その米国の希望と民主主義が揺れている。昨年1月、大統領選を不正とみなすトランプ支持派が連邦議会を襲撃し、5人の死者

が出た。米国の大学の世論調査によれば、共和党支持者の7割がバイデンの当選は今でも不正だと考え、24年の大統領選で民主党候補が当選した場合、それを信頼する人は3分の1にとどまるという。

すでに各州では、自派に有利な選挙区割りの改訂（ゲリマンダー）が横行している。投票資格の厳格化や郵便投票を制限する法案を可決した州も多い。

さらに、トランプは次の布石として、各州の選挙実務を担う州務長官に前回選挙を不正と公言する者を立候補させ、選挙管理委員会や投票所ボランティアにまで自派を送り込もうとしている。対抗して、バイデンも連邦レベルでの選挙制度改革法案を提案するが成立のめどは立っていない。

米国も、民主主義の根幹である選挙の結果を受け入れない暴動が起こる国になってしまった。まして、民間に3億丁の銃がある国だ。24年選挙も、前回以上の混乱が予想される。米国は希望の国であり続けることができるであろうか。

7月20日、米国上院で安倍元総理の功績をたたえる決議が採択された。「一流の政治家であり、民主主義の不断の擁護者だった」と。全会一致だった。

60

さらば、ベイビー

（Hasta la vista, baby

アスタラ・ビスタ　ベイビー）

2022.08.19

ボリス・ジョンソン英首相
（『ターミネーター２』）

まもなく退任する英国首相、ボリス・ジョンソンは国民投票段階からブレグジット（英国のEU離脱）を主導し、混迷を極めたEUとの離脱交渉をまとめ、離脱を完遂させた。目立つ言動や気さくな性格で人気は高く、２０１９年総選挙で与党保守党を大勝利に導いた。

15年ロンドン市長時代に来日し、舛添知事との間で都との友好都市提携に署名し、都議会での演説も好評だったことを覚えている。

7月20日、ジョンソンは英下院で首相として最後の答弁を、『ターミネーター２』のシュワルツェネッガーの名セリフ「アスタラ・ビスタ　ベイビー」で締め、万雷の拍手を浴びた。元はスペイン語のこの言葉、日本語字幕では戸田奈津子の名訳で「地獄で会おうぜベイビー」と訳された。ブレグジットで英国経済が地獄に落ちないことを願うばかりだ。

最近見た映画の中の名セリフを紹介する。『トップガン・マーヴェリック』から。米国海軍のパイロット養成学校の教官になろうとする名パイロットのマーヴェリック（トム・クルーズ）に上司が言う。「(無人爆撃機の発達などにより）いずれパイロットはいらなくなる」。マーベリックは「そうかもな。でも今日じゃない」と返し、さっそうと任務地へ。

ロックンロールの王様、エルビス・プレスリーの半生を描いた『エルヴィス』から。エルビス（オースティン・バトラー）を酷使する強欲なマネージャーのパーカー（トム・ハンクス）が、公演続きの過労で倒れたエルビスを見て言う。「大事なのは、この男が今夜ステージに立つことだ」。カンフル剤を打たれてエルビスはステージに立ち続ける。こうした心身の疲労がたまり、エルビスは42歳で亡くなる。二つともお勧めの映画です。

61

悲観的に準備し、楽観的に実施せよ

佐々淳行（元内閣安全保障室長）

2022.09.02

佐々淳行（1930〜2018）は、警察官僚として主に警備・公安畑を歩み、1972年の連合赤軍による「あさま山荘人質立てこもり事件」などを指揮した。86年には初代の内閣安全保障室長を務めた。現役時代から自身の経験を交え、危機管理の重要性を説く書物を著し、危機管理の概念を広めた第一人者だろう。危機管理には想像力が重要で、最悪の事態に備えて「心に地獄絵」を描けという。

この言葉が危機対処の要諦を言い表している。佐々は1902年の八甲田山系を縦断する陸軍の雪中行軍訓練を例にとる。同時期に雪中訓練を実施した福島大尉指揮の歩兵第31連隊と神成大尉指揮の歩兵第5連隊だが、福島隊は必要な下見をし、装備資材、携行品を十分準備し、地元の案内人もつけた。神成隊はそれらの準備が不十分な上に、粗雑な精神主義で訓練に突入する。結果は福島隊が全員無事に踏破成功に対し、神成隊は指揮系統も乱れ210人の将兵のうち199人凍死という大惨事になった。様々な困難や最悪の事態を想定して周到な対策を立てることが、非常時に適切な判断につながる典型的な例だろう。そして、悲観的な準備とリスク計算が終わったら、あとは「人事を尽くして天命を待つ」の心境で楽天的に行動することが重要と説くのだ。

7月の安倍元首相の銃撃事件の警備体制の検証では、①手薄だった後方警備②遠かった安倍氏と警護員との距離③1発目の銃声をスルーしたこと④見せる警備の不足(制服警官が不在)——などの問題点が指摘された。残念ながら悲観的な警備の準備がなされたとは言い難い。警備当局は、警備体制の見直しと強化を図ることになるだろう。

これから安倍元総理の国葬や来年5月には広島でのG7サミット(主要7カ国首脳会議)がある。治安関係者には試練となるイベントが続く。

62

黒い猫でも、白い猫でも鼠《ねずみ》を捕るのが良い猫だ

鄧小平（元中国副総理）

2022.11.18

中国の経済発展の基礎を作った鄧小平（1904〜97）は、4千万人の餓死者が出たとされる毛沢東の主導した「大躍進」政策の失敗後、経済の再建にあたる。しかし、66年の文化大革命で失脚し、周恩来首相の庇護《ひご》で復活するが、第一次天安門事件で再び失脚する。毛沢東の死後、再度の復活を遂げ、中国の最高指導者になる。

黒い猫（市場経済）であれ白い猫（計画経済）であれ、鼠（経済発展に寄与）を取れば良い猫で、活用する精神だ。社会主義国家に市場経済原則を導入するという前例のない取り組みへの批判に対しての反論でもある。この言葉は改革開放経済を推し進

める標語になった。

さて異例の3期目に入った習近平主席は、最高指導部を自派で固め、改革派も遠ざけた。改革開放路線が後退するとの懸念から、市場は大幅な株安、人民元安で応えた。中国は毛沢東の時代に戻るとの心配の声も出ている。

一方、この言葉を聞くと、共和党とトランプ前大統領との関係を連想する。共和党の候補者にとって、トランプが嘘つき（黒い猫）でも、正直（白い猫）でも、選挙（鼠）で勝てれば活用するということでないか。米国中間選挙でもトランプ推薦の共和党候補が多数出馬し、共和党はトランプ党になった感があった。本番直前の世論調査では上下院とも共和党がかなり優勢だった。

しかし、投票日から6日経った本稿時点で、上院で民主党が非改選を含め50議席を確保し実質勝利した。下院は、共和党が優勢だがその差はわずかだ。トランプの推薦候補の8割が当選したが、ペンシルベニア州などの上院の激戦州で敗北し、その影響力の低下は否めない。2024年の大統領選にトランプの出馬が確実視されるが、共和党内の大統領候補者選びが混沌《こんとん》としてきたのは間違いない。

63

中庭に雑樹多きも偏《ひとえ》に梅の為に咨嗟《しさ》す
念《おも》え　其の霜中に能《よ》く花を作《な》し
露中に能く実を作すを

鈴木俊一元都知事（「鮑照《ほうしょう》梅花落」）

2023.01.13

鈴木元都知事（1910～2010）は、1933年に内務省入省後、自治庁事務次官など主要ポストを歴任し、59年から東龍太郎都知事の元で副知事を2期務め、実質的に都政の実務を取り仕切った。その後、美濃部知事の後を受け、79年知事選で当選し、知事に就任する。最初の仕事は都財政の再建だ。美濃部が自ら「惨憺《さんたん》たる幕引き」と言って残した巨額の財政赤字の後始末だ。

筆者は79年入都だから鈴木都政の一期生だ。研修所で受けた知事あいさつは、「1円を大切にしてくれ」だった。当時は行財政改革の考えが浸透していて、例えば「係」を一つ新設するにも他を一つ削減するのが条件と、スクラップ・アンド・ビルトが基本で、施設移管や民営化も進んだ。

鈴木の最大の功績は都庁の新宿への移転・新築だろう。議会の3分2以上の同意を要する移転と巨額の経費が必要な新築は賛否両論の難事業だった。新都庁舎の施設課長を経験した立場からは、行政庁舎としての使い勝手の悪さや課題は分かるが、それを凌駕《りょうが》する都民施設としての役割やシンボル性は群を抜いている。バブルの塔などの批判もあったが、都政100年の計だったと思う。

この漢詩は、93年の新年の知事あいさつの中で引用されている。南北朝時代の宋の鮑照の詩の一節だ。「中庭に様々な木々があるが、もっぱら梅が賞賛に値する。考えてもみよ、梅は霜の中でいち早く花を咲かせ、露（梅雨）の中に実を作る」の意味だ。

鈴木は梅の生命力を肌身で感じ、大きな結実を求めて気力を充実し、新たな決意と希望で都政に臨むと抱負を述べている。4期目も半ば、バブル崩壊で経済・財政は厳しくなっていた。その中で、霜の寒さに耐えて咲く梅に例え、自分自身を鼓舞したのだろう。鈴木は4期16年の任期を全うし、84歳で退任。まさに地方自治の巨星だった。

64

我々は空飛ぶ自動車を欲したのに、代わりに手にしたのは140の文字だった

ピーター・ティール

2023.06.02

ピーター・ティール（1967〜）は、米国の著名な起業家・投資家である。世界最大のオンライン決済サービス、ペイパルを創業し、フェイスブックの将来性に着目し創業時から投資家として支え、CIAやFBIを顧客にもつビックデータ解析企業パランティアの創業者でもある。

2016年の大統領選挙では、共和党の予備選からドナルド・トランプを支持し、当選後は政策顧問を務めている。そのこともあり、民主党サイドからの批判は強い。

彼が母校スタンフォード大学での講義を『ZERO to ONE（君はゼロから何を生み出せるか）』にまとめ、「新しい何か」を創造する企業をどう立ち上げるかについて書いている。彼の起業や投資に対す

る哲学が詰まっている。

この言葉は、ツイッターの批判というよりも、テクノロジーの進歩が情報工学（ネットやコンピューター、スマホなど）に偏り、60年代のアポロ計画に匹敵するような社会を大きく前進させるような取り組みが重要との意味だろう。

彼が創業に関与した企業や組織の活躍は目覚ましい。パランティアは、ＡＩによる大量のデータ処理により、ロシア軍部隊の位置や動き、標的をリアルタイムでウクライナ軍司令部に提供し、ウクライナの戦争遂行に貢献している。また、ＡＩが人類全体に利益をもたらすことを目標に非営利法人「オープンＡＩ」をイーロン・マスクなどとともに立ち上げた。このオープンＡＩが開発した自然言語処理で回答を行うＡＩチャットサービスが公開され、「チャットＧＰＴ」が一大ブームになっている。

ビジネスの世界において、成功は運か実力かという永遠のテーマがある。成功者は往々にして（謙遜もあり）運が良かったというが、ティールは「人生が運に左右されると信じるなら、学ぶ意味はない。人生は宝くじではない」と言っている。

65

長く国家の舵取りに力を尽くしたあなたは、歴史の法廷に永遠に立ち続けなければならない運命《さだめ》です

野田佳彦（安倍晋三追悼演説）

2023.07.07

東日本大震災の余韻が冷めやらぬ2011年9月、野田佳彦は民主党政権の3人目の首相となった。野田は、消費税の引き上げを柱とする社会保障と税の一体改革を推し進め、関連法案を成立させた。ただ、党のマニフェスト（公約）にない消費増税は、党の内外から強い非難があり、民主党からの離脱者が続出し、「ねじれ国会」の中で野田は厳しい政権運営を余儀なくされた。12年11月、自民党の安倍晋三総裁との党首討論で衆院の定数削減と議員歳費削減に応じるなら2日後に解散という前代未聞の約束をする。一瞬安倍を狼狽《ろう》させるが、解散・総選挙を断行、民主党は大敗し自民

党の政権復帰を許した。

その野田に、参院選の遊説中、凶弾に倒れた安倍の追悼演説が託された。総理大臣の重圧と孤独を知る者として、衆院当選同期のライバルとして、野田にしかできない名演説だった。この言葉は「政治家の人生は、そのなし得た結果を歴史という法廷において裁かれることでのみ、評価される」（中曽根康弘元総理）を踏まえたものだろう。

今年1月に発売された『安倍晋三回顧録』では、長期政権の秘訣が明かされる。7年9カ月の長期政権を維持するには、衆参6回の国政選挙、3回の総裁選に勝ち抜く必要があった。政局判断は一歩間違うと命取りになる。それには1年で終わった第1次内閣の挫折の経験が役に立ったという。財務省の暗躍、厚生労働省の頼りなさなど官僚とのやり取り、トランプ前大統領など外国首脳の人物評、国際会議の舞台裏など面白くかつ興味深い。小池都知事をトランプのジョーカーに例えた人物評も秀逸だ。

安倍は通算3188日の在任中に延べ196カ国を訪問、首脳会談は1187回に及んだという。野田は安倍を日本一のハードワーカーと評した。早いもので7月8日は安倍の一周忌だ。

青島知事の思い出

都庁時代、初めての知事説明は青島さんだった。テーマは、都庁舎の夏の省エネ推進で、昼休みの一斉消灯、昼間もブラインドを下ろすこと、背広の上着を脱ぐことなどだった。当時は、真夏でも男性職員は内輪の会議などでも上着を着ていた。上着を脱いで冷房温度を適正化しようとするものだ。青島さんはネクタイも外そうということになった（小池環境大臣のクールビズの先を行ったのだ）。年配幹部職員は反発した。ネクタイがないとお腹が目立つからだ（笑）。その年は冷夏で、元来、細身でやや病弱な青島さんは、8月終わりになると、（寒いから）そろそろ上着を着てもいいかなと側近に聞いたそうだ。

話は遡るが、学生の頃、お歳暮配達のアルバイトをしていた。中野ブロードウェイのマンションに住んでいた青島さんのところへも配達に行った。本人には会えなかったが、お母さんが、お礼にいつもみかんをくれた。貧乏学生にとっては忘れがたい思い出だ。

第5

旅と文学 そして言葉

66

面影の　忘らるまじき　別れかな
なごりを人の　月にとどめて

西行

2021.09.17

平安末期の歌人の西行。新古今和歌集に最多の94首選ばれ、生涯約2300首の歌を作るなど、後世の歌人に大きな影響を与えた。西行は、本名は佐藤義清《のりきよ》、当時の武士のエリートコース、禁裏警固の北面の武士（同僚には平清盛も）を勤めていた。容姿端麗で歌の素養もあったという。しかし23歳で突然出家した理由には諸説ある。

古典落語の演目「西行」は語る。義清は、帝のご寵愛の絶世の美女染殿内侍《そめどののないし》を知り、一目ぼれする。禁断の恋である。やっとかなった逢瀬《おうせ》の約束。約束の場所で待つが内侍がなかなか現れない。明け方近くに不覚にもウトウトしてしまう。やって来た内侍はこの居眠りを見て怒り、帰ろうとするが、このピンチを義清は歌でしのぐ。

「宵はまち　夜中は恨み　暁の　夢には見んと　しばしまどろむ」。この歌で内侍の機嫌も直り、一夜の契りを交わす。また逢いたいと言う義清に、内侍は「阿漕《あこぎ》であろう」と去っていく。義清は阿漕の意味（二度はダメよ）が分からず、修行が足りんと頭を丸めて、西に行き、名を西行に改めたという話だ。

歌人となった西行だが、吉野山や高野山に住み、諸国を行脚した。また花や月に心を寄せた歌を多く読んでいる。その中でもこの歌は、リズムもよく、歌意も分かりやすい。月明かりが貴重な時代、月には存在感があった。

9月21日は中秋の名月だ。たまには月明かりの良さを味わってみたいものだ。

67

時には、言葉は思い出にすぎない。だが、ときには言葉は世界全部の重さと釣り合うこともあるだろう

寺山修司

2021.09.24

寺山修司（1935〜83）は、短歌、詩、脚本、戯曲、評論などに多彩な才能を発揮し、言葉の錬金術師とも評された歌人、劇作家である。前衛劇団「天井桟敷」を主宰し、アングラ（アンダーグラウンド）という言葉を広め、小劇場運動の担い手ともなった。

「言葉を友人に持ちたいと思う時がある。それは旅路の途中で自分がたった一人だということに気づいたときにである」の書き

出しで始まる名言集『ポケットに名言を』。映画の中の名セリフから、歌謡曲、作家の名言、聖書まで、寺山の感性で選んだ名言が並んでいる。もちろん彼自身の「名言」も。筆者も若い時に読んだ名言を今でもいくつか覚えている。

先日、参拝に行ったお寺の山門の掲示板にこんな言葉が墨書されていた。

その一言で　励まされ
その一言で　夢をもち
その一言で　腹がたち
その一言で　がっかりし
その一言で　泣かされる

たった一つの言葉によって勇気づけられたり、慰められたり、逆に、何気ない一言で深く傷つけられたりすることがある。寺山流に言えば、言葉は心を突きさすジャックナイフであり、同時に心を癒やす薬であるべきなのだ。そんな名言をいくつか心のポケットに入れておきたいものだ。

最後に寺山の短歌を一つ紹介する。

マッチ擦《す》るつかのま海に霧ふかし身捨つるほどの祖国はありや

68

俺は芥川賞を取って有名になったんじゃない。俺のおかげで芥川賞が有名になった

石原慎太郎

2022.02.18

大学在学中に『太陽の季節』で、最年少の23歳で芥川賞を受賞した石原慎太郎。この言葉には、強烈な自負心が感じられる。石原の真骨頂は強い憂国の思いとアメリカにもこびない独立心だ。その原点は中学生の時に傍聴した日本の戦争犯罪を裁く東京裁判での屈辱と敗北感であったと書いている。

2008年当時、上野動物園にはパンダがいなくなっていたが、日中首脳会談でパ

ンダの借り入れが合意された。都建設局が中国側と度々交渉し、10年になって話が進んだ。詰めの交渉のため春節直前で閑散とした北京の国家林業局に赴いた。3日間の交渉で協定を結んだ。出張前、中国嫌い、パンダ嫌いを公言している石原知事だから心配したが、局長や地元の人も説得してくれた。パンダの名前では折から尖閣諸島問題があり、「センセン」「カクカク」にすればいいと、半分冗談で半分本気で言われた。名前は公募したものの、良い案がなく比較的まともな「リーリー」「シンシン」を恐る恐る持っていくと、あっさりと「俺は興味ないんだ。そっちで勝手に付けていい」との仰せでホッとした。

都有地の売却でもH副知事にガンガン言われたとき、「そうはいってても難しいんだよな」と、かばってくれた時もあった。

記者会見やテレビでは強硬なことを言っても、案外内輪では物分かりのいい面もあり、救われた職員も多いのでは。高齢になっても失わなかったチャレンジ精神と死の間際まで続けた創作活動には頭が下がる思いだ。ニコッとしたあの笑顔はもう見られない。

69

まことの賢人は砂上に家を建つる人なり

アンリ・ド・レニエ（フランス詩人）

2023.02.17

愛といえども猶《なお》
空の色
風のそよぎの如く
消ゆべきを知りて
砂上に家を建つる人なり

「砂上の楼閣」という言葉がある。砂の上に建物を建てれば不安定で崩れやすく、危ういことの例えとして使われる。しかし

アンリ・ド・レニエ（1864～1936）は、フランスの詩人、小説家。永井荷風が愛した詩人といわれる。この言葉は、永井が訳した「告白」と題された詩の冒頭の一節だ。

まことの賢人は
永遠の時の間には
一切の事凡《すべ》てむなしく

レニエは、永遠の時間の間では、愛といえども一瞬の出来事に過ぎないように、物事の無常を知りつつ、すぐに崩れてしまう砂上に家を建てる。そんな瞬時にも前向きに努力する人こそ真の賢人だと詠《うた》う。

マルチン・ルターの言葉とされる「明日地球が滅びようとも、今日私はリンゴの木を植える」。石原元都知事も好んで繰り返し使っていた。石原は、いつも人物の例えが「的確な」田中真紀子元外相から「暴走老人」と言われても、80歳になって知事を辞職し、衆院選に出馬し、17年ぶりに国政に復帰した。自主憲法制定の意欲を捨てず、憲法前文の文法の誤りだけでも訂正できないかと、国会で当時の安倍総理に迫っていたのが記憶に残る。石原がルターの言葉を語った時、いずれ起こす自身の行動を示唆したのかもしれない。

日本資本主義の父と称される渋沢栄一は、自伝の中で「短しと悟れば一瞬にもたらず、長しと観ずれば千秋にもあまるは、げに人の一生にぞありける」と書いた。そして、一生の長短は年月ではなく、自身に起きた物事の多少によりその差を感じるのだと。幕末から昭和まで激動の世を駆け抜けた渋沢は、自身の半生を「千秋を経し観あり」と振り返っている。

70

吹く風を　なこその関と　思へども
道もせに散る　山桜かな

源義家（八幡太郎義家）

2022.03.18

勿来《なこそ》の関は福島県いわき市にあった関所で、白河の関などと共に奥州三関の一つとされる。「勿来」は「来るなかれ」を意味し、蝦夷《えぞ》の南下を防ぐ意味を持っていたという。紀貫之や西行も和歌に詠んだ有名な歌枕でもある。

源義家（１０４２～１１０８）は源頼朝の高祖父にあたり、陸奥守に任ぜられ、奥州清原氏の紛争である「後三年の役」で活躍した文武両道の名将だ。この歌は勿来の関は行く手を阻むように風が強いが、道もふさぐほどに散る山桜よと詠んだものだ。後三年の役では朝廷から恩賞が出ず、義家は私財で関東から従ってきた武将に恩賞を出した。これが関東で源氏の名を高め、後の頼朝の鎌倉幕府創建の礎になったとも言われている。

古くから日本人に愛されている桜だが、桜（ソメイヨシノ）の開花が年々早まっている。過去50年間の統計で、東京都心で約1週間、開花が早くなった。温暖化により早春の気温が高くなったのが原因だという。実感的にも入学式の桜から卒業式の桜になったような気がする。さらに温暖化が進めば、九州南部などでは、開花しない、開花しても満開にならない予測もある。温暖化で冬が十分に低温にならず、開花に必要な休眠打破が起きないからだ。いずれ地方によっては花見が春の風物詩の座から降りるかもしれないのだ。

そろそろ桜の開花が伝えられる時期だ。福島をはじめ東北は桜の名所が多い、今年こそ静かな花見に出かけてみたいものだ。

さまざまなこと思い出す桜かな　芭蕉

71

道がつづら折りになって、いよいよ天城峠に近づいたと思う頃、雨脚が杉の密林を白く染めながら、すさまじい早さで麓から私を追って来た

2022.04.15

川端康成（伊豆の踊子）

川端康成の小説の多くは出だしが印象的で美文である。『雪国』の「国境の長いトンネルを抜けると雪国だった。夜の底が白くなった」があまりにも有名だが、この『伊豆の踊子』の出だしも素晴らしい。状況説明と主人公の気持ちが示唆されている。この作品は、川端自身の体験をもとにした小説とされ、伊豆の温泉と街道を舞台に一人旅の「私」の若い踊り子への淡い恋心と切ない別れの物語だ。日本人の心情にぴっ

たりの小説である。

昭和の時代、6度も映画化された。年配の人なら、映画の踊り子役（ヒロイン）を誰が務めたかの記憶で、その人の年代が分かるという。ちなみに田中絹江（昭和8年）→美空ひばり（29年）→鰐淵《わにぶち》晴子（35年）→吉永小百合（38年）→内藤洋子（42年）→山口百恵（49年）と懐かしい面々が続く。相手役の男優は最後の三浦友和以外、一人も思い出せないのだが。

1968年、川端は日本人初のノーベル文学賞を受賞する。受賞理由は「日本人の心の精髄を、すぐれた感受性をもって表現し、世界の人々に深い感銘を与えた」であった。また、受賞の際に「秋の野に鈴鳴らし行く人見えず」と詠んだ。秋の野を行く巡礼の鈴のように、人の胸にしみて残るのが私の作品であれとの思いだという。『伊豆の踊子』は、切なさと清々しさが心にしみる名作だと改めて思う。

50年前の4月16日、川端は自ら命を絶った。三島由紀夫の衝撃的な自決から1年余り、相次ぐ著名作家の死に日本中が衝撃を受けた。遺書もなく、死に至る心情は謎のままである。

72

おもしろうて　やがて悲しき　鵜舟かな

松尾芭蕉

2022.08.26

芭蕉（1644〜94）は江戸前期の俳人で、俳諧を芸術の域まで高めたとされる。旅を愛し、奥州平泉（岩手県平泉）から播磨明石（兵庫県明石市）まで各地を旅し、『奥の細道』など多くの紀行文と名句を残した。

この句は、元禄元年に芭蕉が岐阜長良川で鵜飼《うかい》を見物した時のものだ。漆黒の闇の中を、かがり火をたいた鵜舟がやってくる。船上では鵜匠《うしょう》が数羽の鵜を操り、鵜が水中にもぐり捕まえたアユを吐かせて収穫する。鵜匠の巧みな綱さばきと鵜の俊敏な動きが見事で時を忘れる。ただ鵜舟はあっという間に見物人の前を通りすぎる。数隻の鵜船が通りすぎると鵜飼は終わりだ。にぎやかで楽しい時間はつかの間だ。鵜舟が通り過ぎると、元の暗く静かな川面が戻ってくる。かがり火の輝きがまぶしい分、その落差も大きい。なんとも言えぬ寂しくなる気持ちを芭蕉は素直に詠んだ。

この夏、青森ねぶたや秋田竿燈《かんとう》などの東北の夏祭りが3年ぶりに復活した。夏祭りは数十万人の観客を集め、経済効果だけでなく、地域のきずなやエネルギーになり、地域の活性化に欠かせない。新型コロナ感染防止のため様々な制約はあったが待ち遠しい復活だった。ただ祭りが華やかでにぎやかな分、終わった時の喪失感もまた大きい。お祭りロスである。

祭りのあとで思い出すのは、筆者の年代だと吉田拓郎の曲だろう。

祭りのあとの淋しさが
嫌でもやってくるのなら
祭りのあとの淋しさは…

虚しさと寂寥感にあふれた拓郎節が懐かしい。

そろそろ8月も終わりだ。連日の猛暑に飽き飽きしていたのに、夏が終わると知った時の寂しさはどこから来るのだろうか。子どものころの夏休みが終わるときの感傷にも似て。

73

ゴールは、自分の曲が詠み人知らずになること

ユーミン（松任谷由美）

2022.09.30

ユーミンは女性シンガーソングライターの草分け的存在で、1972年に「返事はいらない」で荒井由実としてデビュー。累計アルバム売り上げは3千万枚を超え、女性アーティストとしては歴代1位だ。今年デビュー50周年を記念したベストアルバムが発売されるが、「やさしさに包まれたなら」「卒業写真」「中央フリーウェイ」「守ってあげたい」「リフレインが叫んでいる」などなど名曲がズラリ、歌詞とメロディーが自然に出てくる人も多いだろう。

ユーミンの曲は、時代の先を行くおしゃれな歌詞とテンポよいメロディーで愛される。きらきらと輝いていた青春と恋愛が舞台だ。それが多くの男女の共感を得たのだろう。

この言葉、NHKの番組「The covers」で紹介されていた。作り手の名前は忘れられても、皆が知っている歌としてずっと残ってほしい。クラシック音楽のように、永遠に普遍性を持つメロディーになることがユーミンの願いなのだろう。すでに中学や高校の多数の教科書に曲が載り、その素地は十分だ。

一方で、ユーミンのテーマとしてきた恋愛観も変わってきた。内閣府の男女共同参画白書(2022)によれば、男女の結婚観、恋愛観の実態が読み取れる。20代の女性の51%が配偶者も恋人もいない。20代男性は66%だ。

20代の独身女性の25%、独身男性の40%がデート経験なし。30代女性でも22%、男性で35%とあまり変化なし。結婚したい、できればしたいを合わせた結婚願望も30代の独身男女で、それぞれ46%と半数に満たない。デートも結婚もしなくなった男女にユーミンの曲への共感力があるか心配だ。

ただ、恋愛も結婚も何歳になってもできる。ユーミンが年齢を重ねても、おばさんにはならないように、心がおじさん化、おばさん化しなければユーミンの歌は永遠だろう。

74

私には時間がないんだ。書きたいことは無数にあって、人生が足りないんだ。

松本清張

2022.10.14

松本清張（1909〜92）は福岡県の貧しい家に生まれ、尋常小学校卒業後は給仕、印刷工、新聞社の広告部員などを経て、42歳で処女作発表と遅い作家デビューだったが、53年に『或る「小倉日記」伝』で芥川賞を受賞すると、歴史小説、時代小説、推理小説、純文学、評論、ノンフィクションと活躍の場を広げ、生涯約980編の作品、750冊の著書を残したという。晩年に至るまで国内外の取材活動と執筆を続け、常に最先端で斬新なテーマを求めていた。遅咲きだった清張は、常に「私には時間がないんだ」が口癖だったという。

また、「自分は努力だけはしてきた。それは努力が好きだったからだ」とも語っている。小学校しか卒業していない学歴コンプレックスをばねに努力を重ねた文豪であったのだ。一方で昨今、努力すれば道は開けるという努力至上主義には批判もある。その一つが、昨年の流行語大賞にも選ばれた「親ガチャ」という言葉だろう。子どもは親を選べないということをスマホゲームのガチャに例えた言葉だ。このように、もって生まれた格差は努力では挽回できない、若者にだけ努力を押し付けるなという批判もある。確かに子どもは親を選べないし、個人の努力を超えたところで物事が決まる場面もある。しかし、努力を放棄する言い訳にはなりえないと思う。方向性さえ間違っていなければ、努力は何らかの前進をもたらすと考えたい。

今年は清張の没後30年だ。いまだに多くの作品がＴＶドラマ化されたり、再放送されている。これは清張が時代背景を超えて、変わらぬ人間の性《さが》を描いているからだろう。

75

本が誰かの人生を変えるとしたら、それは頭の上に落ちてきたときだけだ

アンソニー・ホロヴィッツ

2022.10.28

ホロヴィッツは、英国を代表する推理小説家、脚本家でその作品は日本でも好評を博している。『カササギ殺人事件』は「このミステリーがすごい」の1位や「本屋大賞」に輝くなどミステリー部門7冠に輝き、最新作の『ヨルガオ殺人事件』までの4作品が連続4冠を達成している。

この言葉は、『カササギ殺人事件』の主人公のつぶやきだ。「この本が人生を変える」のような陳腐なコピーを使いがちだが、本が人生を変えるのは落下して頭にけがでもした時だけとの皮肉だ。もっとも、本の編集者である主人公は、その扱う本で人生を変えるほどの出来事に翻弄《ほんろう》されることになるのだが。

本離れ、活字離れが言われて久しいが、

我々が本に身近に触れる窓口である街の書店の数は中小規模の書店を中心に大きく減少し、20年前の半数以下の約1万1千店となっている。そのうち売り場面積を持つのは9千店弱と推計されている。反面、図書館の数は3400館と、ここ20年で約3割増えている。減少する街の書店の代替機能を果たしている側面もありそうだ。

一方、書籍や雑誌の出版販売額も、ピークの2・7兆円から21年は1・2兆円と44％になっている。電子書籍を加えても、1兆6742億円と6割程度の水準だ。ただし、直近の3年に限れば、連続で増加している。電子書籍（とりわけ電子コミック）が倍増したことが寄与しているが、紙の書籍も健闘している。落ち込みの激しいのは雑誌だ。「出版不況」というが「雑誌不況」の側面が強い。週刊誌などの情報はネットでかなりの部分、無料で読めるし、ネットニュースサイトなどで代替可能だろう。紙の書籍のコアなファンはまだまだ底堅い。

今年も秋の読書週間が始まっている。スマホを置いて、じっくりと「人生を変える良書」と向き合う時間を作りたいものだ。

76

益荒男《ますらお》がたばさむ太刀の鞘《さや》なりに幾とせ耐えて今日の初霜

三島由紀夫　辞世

2022.11.25

ノーベル文学賞の候補にもなった三島由紀夫が、自衛隊市ケ谷駐屯地で愛用の日本刀で割腹自決を遂げた。この衝撃的事件は、気の早いテレビ局が１９７０年の10大ニュースの候補を発表した後の11月25日だった。

三島は４年間の体験入隊など自衛隊への思い入れが強く、檄文《げきぶん》に「我々の愛する歴史と伝統の国、日本。これを骨抜きにしてしまった憲法に体をぶつけて死ぬ奴《やつ》はいないのか、もしいれば、今からでもともに起ち、ともに死のう」と書いた。さらに、バルコニーから約千人の自衛官を前に演説する。「憲法を改正して自衛隊を国軍にする道はなくなったから、共に立ち上がろう」と決起を叫んだ。文字通り上から目線の演説で、隊員の心には響かなかった。「降りてこい」などとヤジと怒号が飛んだ。クーデターによる国家改造を狙った「5・15事件」の青年将校を気取ったとも言われた。

三島が、国軍たらしめようとした自衛隊だが、自衛隊の創始者の吉田茂元総理は第1回防衛大学校の卒業式で、「自衛隊は日陰者でいい。そのほうが、国民や日本は幸せなのだ。どうか耐えてもらいたい」と話したという。自衛隊が前面に出るのは災害や戦争の時だから自衛隊に出番がない時が国民は幸せとの意味だが、憲法違反との批判も多く、当時、日陰の存在だった自衛隊を象徴した言葉だろう。

三島事件から半世紀、自衛隊に対する国民の評価は高まった。内閣府の「自衛隊・防衛問題に関する世論調査」によれば、自衛隊への印象は、「良い（どちらかといえば良いを含む）」が約9割と圧倒的で、「悪い」は6％弱だ。高い支持を得ている自衛隊だが、改憲論議は進まず、その地位を憲法上、明確化する道のりはまだ遠そうだ。

三島は、もう一つ辞世を用意していた。「散るをいとふ世にも人にもさきがけて散るこそ花と吹く小夜嵐《さよあらし》」。あくまで覚悟の自決であった。

第6章

ふるさと、青春の輝きと苦悩

77

草原の輝けるとき　花美しく咲けるとき
それは再び還らずとも　嘆くなかれ
その奥に秘められたりし力を　見いだすべし

ウィリアム・ワーズワース

2021.12.10

ワーズワース（1770~1850）は、イギリスのロマン派の詩人。彼の詩のこの一節だけは知っている人も多いかもしれない。

きっかけは、1961年のアメリカの青春映画『草原の輝き』であろう。1920年代のアメリカを舞台に、高校生のディーニー（ナタリー・ウッド）とバッド（ウォーレン・ベイティ）が愛し合うが実らぬ恋となってしまう物語だ。高校の授業の中でこの詩が朗読され、映画の主題にもなっている。互いに望まないまま離別してしまった二人だが、数年後にディーニーがバッドの働く牧場を訪ねていく。バッドは既に結婚し、つつましく暮らしている。別々の道を歩んでいくことを決意したディーニーに、ラストでこの詩がまた流れる。草原の輝き（青春）は再び戻らないけれど、青春が残した苦さ、経験、思い出を糧にしていこうと諭すように。

映画は何度もリバイバル上映され、この詩に感動し、口ずさんだ人も多かったという。誰もが華やかだが容赦なく通り過ぎていく青春の中に、はかなさや苦しさや教訓を感じていたのかもしれない。

小説家の伊藤整も「人の生涯のうち、いちばん美しくあるべき青春の季節は、おのずから最も生きるのにむずかしい季節」と言っている。美しい青春には焦燥、孤独感、挫折もよくあることだ。

コロナ禍の中で昨年、10代、20代の若者の自殺が前年比2割も増えたという。青春に蹉跌《さてつ》はつきものだが、その試練を受け入れられる耐性と社会の側の包容力が求められている。

78

帰りなんいざ、田園まさに蕪《あ》れんとす、なんぞ帰らざる

陶淵明

2021.12.17

陶淵明は中国の東晋末期の詩人。官職についたが束縛を嫌い、「五斗米の為に腰を折らず」と官を辞し、故郷に帰り田園生活を送ることになる。

日本でも地方の停滞を憂慮し、ふるさとを都会が財政的に支援する「ふるさと納税制度」が創設された。総務相時代の菅前総理が主導した。出身地のふるさとに限らず、全国のどこの自治体に対しても納税（寄付）はＯＫだ。寄付金は、税額控除される。

寄付額に応じて豪華な地域特産物が返礼品として送られるとあって「お取り寄せグルメ」状態になっている。

昨年度のふるさと納税額は6725億円、件数は3489万件と共に過去最高を記録した。自らが徴収する市町村税の何倍も寄付を集める自治体がある一方、大都市部では個人住民税の4～6％が流出している。東京都では、区市町村と合わせて1033億円が流出超過だ。都市部の制度への不満は高まっている。しかも、ふるさと納税の寄付者は納税者全体の1割程度で、まだまだ伸びる余地がある。

ふるさと納税が地方の農林水産業の支援に役立っていることは評価したい。第一次産業に頼る地方にとり、その効果は大きい。しかし、ふるさと納税は住民税の応益原則に反するものだし、都市部の負担にも限度がある。早晩、制度を見直し、控除額の上限を住民税所得割額の1割に戻すことは最低限実施するべきだろう。

今年の年末年始は、2年ぶりに帰省する人も多いはずだ。この際、お取り寄せでない本物の故郷を味わって来てほしいものだ。

79

ぼくは二十歳だった。それがひとの一生でいちばん美しい年齢だなどと誰にも言わせまい。一歩足を踏み外せば、いっさいが若者をだめにしてしまうのだ。

ポール・ニザン（『アデン　アラビア』）

2022.01.14

ポール・ニザン（1905〜40）はフランスの作家、政治活動家。高等師範学校在学中に大英帝国支配下のアデン（イエメン共和国）に滞在し、『アデン　アラビア』を発表した。植民地主義への批判や体制への懐疑、若者特有の屈折が書かれているが意味は難解だ。この冒頭2文に引かれて本を手に取った人も多いかもしれない。

「二十歳」という言葉には独特のイメージがあり、成人（成年）という人生のメルクマール（指標）になっている。明治9年に定められて以来、約140年間、日本では20歳からが成人だ。その成人の定義が変わる。民法改正で今年の4月1日から18歳が成人年齢になるのだ。これまで親の同意が必要だった携帯電話の購入、アパートの賃借、ローンを組んでの車の購入など様々な契約が単独でできる。また司法書士や公認会計士など国家資格に基づく職業に就くことも可能になる。単独で契約できて、未成年者取消権もなくなることで、悪徳商法による被害の拡大なども懸念される。家庭や学校、社会での啓蒙《けいもう》がより重要になってこよう。世の中は様々な誘惑に満ちているのだから。一方で、飲酒、喫煙、公営競技の年齢制限については20歳のまま維持される。

議論があった少年法は、18歳、19歳は「特定少年」として引き続き少年法が適用されるが、逆送事件の拡大や起訴された場合の実名報道の解禁など厳罰化もされた。

1月10日各地で成人式が行われたが、20歳を対象にした成人式を今後も続けるのか多くの自治体が模索することになりそうだ。

80

青春って、すごく密なので。でもそういうことは全部『だめだ、だめだ』と言われて

2022.12.02

須江航（仙台育英高校野球部監督）

今年夏の全国高校野球選手権大会で宮城県の仙台育英高校が優勝した。甲子園100年の歴史で東北勢の優勝は春夏の大会を通して初めてで、深紅の優勝旗が初めて白河の関を越えた。

優勝インタビューで須江監督は、コロナ禍での高校生活の苦しさを語った。様々な活動が制限され、入学式、卒業式でさえ普通にはできなかった。密になる行動は全部だめだと言われて。そうした制約の多い中で頑張った野球部員、全国の高校球児にエールを送った。学校生活では、様々な活動が集団で行われる。コロナ禍による制約で、失われた青春は戻らない。だからこそ野球

ファンのみならず全国の感動を呼んだのだろう。

10月から全国旅行支援や入国者の水際対策の緩和が実施された。観光地などでは、大幅に人出が戻ってきた。10月の訪日外国人数は49万人と、前月比2・4倍増と回復傾向が顕著だ。学校行事もかなり元に戻りつつあるが、まだ現場では制限も多い。都内の小学校の例では、運動会は午前中だけの短縮型にし、玉入れなどの団体競技は全て実施しない、応援団もなし。給食も基本的には黙食。卒業式も卒業生と保護者だけで、在校生や来賓の出席はなしなどだ。

そして課題は、マスク着用だろう。マスクによるコミュニケーション上の悪影響は見過ごせない。欧米と比べてもその差は顕著だ。公園などの屋外でもマスクが多数派だ。屋内は飲食店などを除けば、ほぼ100%マスクだ。政府は着用ルールを見直すと言うが、原則不要とでも明言しない限り、ここまで定着した日本のマスク文化は不動だろう。コロナの第8波が広がりつつあるが、この波が終わった時にマスク不要を訴えない限り、顔を隠すマスク文化が永久に定着するかもしれない。

81

人々の嘆きみちみつるみちのくを心してゆけ桜前線

長谷川櫂《かい》（震災歌集）

2023.03.10

長谷川は、東日本大震災直後の被災者の心情、政府や東電への怒りなどを率直に詠んだ『震災歌集』を発表する。この歌はその中の一首だ。東北の被災地を、例年のごとく淡々と北上していく桜前線にさえ、被災者の心情をおもんばかるように促したものだろう。

2万2千人超の死者・行方不明者を出した震災から12年目を迎える。亡くなった人にとっては13回忌の年だ。東北の復興は住まいの再建、道路、港などインフラ面ではだいぶ進んだが、課題も多い。区画整理された沿岸部の多くの土地が空き地のままで、水産業など地域経済の再生も道半ばであること、いまだ避難者も多く町のにぎわいが以前ほどに戻っていないなどが指摘されている。

　福島でも帰還困難区域内での避難指示の解除が進んできているが、本格的な復興はこれからだ。また福島第一原子力発電所の汚染水の海洋放出が迫る。反対意見も根強いが、これなくしては廃炉作業も進まない、つらい選択をせざるを得ない。

　さて東北には桜の名所が多い。福島三春の滝桜、喜多方の日中線の枝垂れ桜並木、白石川堤の一目千本桜、岩手の北上展勝地、角館の武家屋敷の桜などなど。ただ、旅の日程を花の盛りに合わせるのは、なかなか予測が難しい。残念ながら、まだつぼみだったり葉桜だったりした場合は、徒然草の次の言葉を想起してほしい。「花は盛りに、月は隅《くま》なきをのみ、みるものかは」である。

　東北の桜を見ると、ＮＨＫの復興支援ソングとして作られた『花は咲く』（作詞・岩井俊二、作曲・菅野よう子）を思い出す。震災で亡くなった人からの問いかけの歌だ。

　花は　花は　花は咲く
　いつか生まれる君に
　花は　花は　花は咲く
　私は何を残したのだろう

82

散る花もまた来む春は見もやせむ
やがて別れし人ぞ恋しき

菅原孝標女《たかすえのむすめ》（更級日記）

2023.03.24

孝標女は、平安期の歌人で菅原道真の玄孫《やしゃご》にあたる菅原孝標の次女として生まれた。この歌は、自身の半生を回想した「更級日記」に出てくる。散りゆく桜は、また来る春には見ることができるが、永遠の別れとなってしまった人とは二度と会えない。亡くなった乳母を嘆き悲しんだ歌である。

当時の貴族にとって、乳母は特別な存在で実の母と同様で、その死は深い悲しみとなった。この歌が詠まれた１０２１（治安元）年春は、伝染病が流行し、死ぬ人も多かったと言われている。千年後の昨今の世相と符合しているのではないだろうか。

散ればこそいとど桜はめでたけれ　うき

世になにか久しかるべき（伊勢物語）

春になると桜の開花や天気が気になり、人々の内心がそぞろ騒がしくなる。そうした心を捉えて、「世の中にたえて桜のなかりせば　春の心はのどけからまし」と詠んだ歌がある。その返歌がこの歌である。散るからこそ、ますます桜は素晴らしい。無常のこの世の中で、何か長く続くものがあろうか。ありはしないという意味だ。潔く散っていく桜に、世の中の無常と人生を重ねたものであろう。

今年は、4年ぶりに公園などで本格的なお花見が解禁された。恒例の場所取りや樹下の宴会が復活している。ただし、花見の適期は短いうえに、春先は天候不順の日も多い。油断していると、

明日ありと思う心のあだ桜　夜中に嵐のふかぬものかは（親鸞聖人）

まだ明日があると時期を延ばしているうちにチャンスを逃すことを戒めたもので、「花に嵐」という言葉もある。ここには花見だけでなく仕事や人生にも通じる真理がある。「チャンスの神様には前髪しかない」（後ろ髪はつかめない）ということわざもある。

83

信じられているから走るのだ。間に合う、間に合わぬは問題でないのだ

太宰治（走れメロス）

2023.06.16

『走れメロス』では、残虐な王との約束で、メロスが処刑を3日間猶予される代わりに、無二の親友を人質にして、メロスが戻らなければ親友が殺される。様々な障害で、刻限にギリギリになるが死にもの狂いで急ぐ。命が大事だから走るのをやめてとの忠告も振り切り、メロスは言う。信頼を

青森県の名家に11人兄弟の10番目として生まれた太宰治（１９０９〜48）。東京帝国大学仏文科に入学するも講義についていけず、小説家を志し井伏鱒二に師事する。自殺未遂や女性問題、薬物中毒をたびたび起こしながらも、多くの愛される作品を残した。

守るために走るのだと。

　1939年、井伏の紹介で見合い結婚した太宰は、東京三鷹に居を構えた。ゆえに三鷹には、太宰のゆかりの場所が多い。筆者も学生のころ三鷹に下宿していたが、そのいくつかを最近再訪してみた。

　一つが、太宰が友人をたびたび案内した、中央線の線路にかかる跨線橋《こせんきょう》だ。全長約100メートルと長い人道橋で、何の飾り気もない橋だが、眼下に頻繁に列車が行き交う。鉄道ファンや子連れの家族でにぎわっていた。橋は老朽化で、まもなく取り壊しになるという。昭和の香りがまた一つ消えていく。

　太宰の墓がある禅林寺では、その変わりように驚いた。お寺も墓域もすっかり新しく近代的になっている。墓前で大学生の4人組と出会う。太宰が小説の中で賞賛した味の素を供えていた。太宰の作品は、今も若者をひきつけているのだろう。太宰が愛人とともに玉川上水に身を投げ、遺体が発見された6月19日が命日とされ、桜桃忌《おうとうき》と呼ばれ、普段に増して墓参する人も多い。雨の時期である。

「桜桃忌傘のうちなる太宰かな」

「桜桃忌ゴールデンバットも雨に濡れ」

84

うらうらに照れる春日にひばり上がり心悲しもひとりし思へば

大伴家持（万葉集）

2023.04.14

大伴家持（718〜785）は、奈良時代の歌人で万葉集の編纂《へんさん》に関わり、自身の歌も473首収められている。

春のうららかな日、ひばりが空高く鳴いている。その陽光の中で、一人愁いを感じている。物思いにふける。春が明るくまぶしいだけに、自身の愁いも深く感じられる。春、なんとなくわびしく、気持ちがふさぐことを「春愁《しゅんしゅう》」として春の季語にもなっている。

この歌を、高校時代のクラス担任で国語の井上八雲先生が自身の一番好きな歌として紹介してくれた。当時、20代だった先生も、田舎の公立高校の生徒たちに手を焼き、春の愁いを感じていたのかもしれない。

人々の孤独が社会問題になっている。いち早く英国では孤独担当大臣を設置して、肥満や喫煙以上に体に悪とされる孤独問題の解消に取り組んでいる。孤独解消は様々な社会問題の解消につながるという認識からだ。日本も2021年に孤独・孤立担当大臣を設置し、深刻化する社会的な孤独問題に取り組みを開始している。

内閣官房の「人々のつながりに関する基礎調査」によれば、①孤独であると感じている人の割合（「常にある」と「時々ある」の計）は19%②20代、30代の約4分の1が孤独を感じていて70代、80歳以上よりも多い③悩みごとなどの相談相手がいない人の半数が孤独感を感じている④人と交流する活動に参加していない人が53・2%に上る――などが分かった。

この4月、入学・入社、転勤・転職などで新しい環境に身を置いた人も多いはずだ。当初の慌ただしさや緊張感から少し解放されて、ふとしたことで愁いも感じる時ではないだろうか。そうした人に少しでも寄り添ってあげたいものだ。

「春愁のかぎりをつつじ燃えにけり（水原秋櫻子）」

85

悲しめるもののために
みどりかがやく
くるしみ生きむとするもののために
ああ　みどりは輝く

室生犀星

2023.05.12

室生犀星（1882〜1962）は金沢に生まれ、生後すぐ僧侶の家に養子に出され、高等小学校を中退し裁判所の給仕になり、働きながら文学を志す。20歳で上京するも、生活苦などで東京と金沢の間の往来を繰り返す。その間に詠んだ詩が、誰もが知る「ふるさとは遠きにありて思ふもの　そして悲しくうたふもの……」（小景異情）である。

この『五月』と題された詩は、新緑のまぶしい輝きが、悲しみ苦悩する者（たぶんに作者自身）に励ましのエールを送る。そんな「苦悩と再生の春」を詠ったものだ。

五月の連休が終わると、なんとなく体調

が悪い、憂鬱になるなどの症状を示す人が多い、いわゆる「五月病」である。医学的には適応障害や抑うつ状態と診断される。新入生や新社会人など環境に大きな変化があった人がなりやすいと言われる。精神的または身体的なストレスや疲れによって心身に大きな負荷がかかり、脳がうまく働かない状態と説明される。

文部科学省によれば、2021年度の公立学校の教員の精神疾患による1カ月以上の長期療養者（休職と病気休暇）は約1万1千人と過去最高になった。教員全体の約1・2％に当たるという。要因としては、保護者対応の複雑化、新型コロナ対応による業務の増大、教員同士のコミュニケーション不足などが指摘されている。

特に20代の若い教員の「心の病」が深刻だ。経験不足に加えて、悩み事を相談できるベテラン教員の不足、コロナ禍対応など若い教員にかかる負荷は相当なものだ。保護者も、新卒や若い教員に厳しい目を向けがちだ。我が子を預ける教員に経験豊富で優秀な人を求めるのは人情だが、先生も万能ではない。誰にでも新人の時代はある。学校を取り巻く環境も厳しい中で、寛容の精神も発揮してもらいたい。

教育実習の思い出

教員免許取得のためには、2週間の教育実習が必須である。実習は母校でするのが通例で、大学4年生の夏、母校の高校で教育実習に臨んだ。高校在校時の先生も何人か残っていた。当時、必ずしも優秀な生徒ではなかった筆者は、事前説明で嫌味を言われながらも実習が始まった。忙しい先生にとって、実習生などお荷物だったのだろう。

ただ、実習は事前予想よりは上手くいった。社会科の担当教諭が病気になり、その先生の授業をすべて受け持った。同級生の弟や妹が生徒でいたりして、兄や姉の高校時代を暴露したり、茨城弁を使うと爆笑だった。女子生徒の受けもよかった（笑）。かくして進路は教員志望に傾いた。

その後、千葉県の高校教員採用試験と都庁採用試験に合格するも、どちらからも内定の連絡がない。恩師の井上先生に相談したところ、「教員より行政系の方がいいよ～」とアドバイスしてくれた。都から内定の連絡があったのは、4月下旬、都知事選挙で鈴木俊一候補の初当選が決まった直後だった。

第7 戦争と国家の興亡、国のかたち

86

いずれこの世には5人の王しか残らないだろう。英国王とトランプのキング4人である

ファルーク1世元エジプト王

2021.11.26

ファルーク1世（在位1936～52）は、後に大統領になるナセルらが起こしたクーデターによって王位を追われたエジプト王である。彼は、王制の将来を記者に問われ、こう答えたという。確かに戦後だけでも、イタリア、インド、ギリシャなど50以上の国が君主制を廃止している。戦争や革命に限らず、跡継ぎの問題でも王位が危機にさらされる。

そのイギリス王室については、ネットフ

リックス配信の『ザ・クラウン』が興味深い。幼少期からの現エリザベス女王や王族たちの公務や私生活を赤裸々にドラマ化している。国民の声を聴きながら王室の権威と伝統も守っていく苦労がよく分かる。様々な批判は受けるものも、エリザベス女王は国民の敬愛を集めて人気も高い。そして王位継承も盤石だ。王位継承資格者が同女王の系統だけでも20人以上もいるからだ。

ひるがえって日本だが、男系男子にしか皇位継承を認めていないため、皇位継承資格者は3人だけだ。今上天皇より後の世代は、悠仁様ただ一人。また、今回の眞子さんの結婚に関する報道では、執拗《しつよう》かつ根拠不明の臆測や中傷が多く、眞子さんや婚約者を深く傷つけた。眞子さんは一刻も早く皇族を離れたかったという。開かれた皇室を標榜《ひょうぼう》する以上、国民の関心に応える報道も重要だが、皇族やその関係者にもプライバシーはあり、報道にも慎重さや敬意は必要だ。それなくして皇室の存続は危ういと思う。皇室の永続を願うなら、皇族の範囲や女系天皇、女性天皇についても早急に議論を始めていく必要があるだろう。

87

Ask not what your country can do for you ; ask what you can do for your country.

（国家が諸君に何をしてくれるかを問う前に、諸君が国家のために何ができるかを問うべきである）

2021.11.19

ジョン・F・ケネディ

1961年、43歳の若さで第35代米国大統領に就任したケネディ。就任後間もなく起きたキューバ危機では、キューバに建設中のソ連のミサイル基地を撤去させ、核戦争の危機から世界を救ったとして勇気の人とも称賛された。

若さと巧みな演説でも多くの人を魅了した。特に、白雪輝く連邦議事堂前での就任演説は有名である。冷戦下、「国家のために命も投げ出して」とも取れるこの一節に聴衆から拍手が巻き起こった。小学生の頃、家に表面にケネディの横顔、裏にこの英文の演説が彫られた貯金箱が飾られていた。茨城の片田舎にまでそんな貯金箱があったのだ。その名演説とケネディの愛されぶりが推察されよう。

ハーバード大、ロックフェラー財団、フォード社などから「最良にして最も聡明な」エリートたちを集めて発足したケネディ新政権に、多くの米国人が心を躍らせた。しかし、このエリートたちが残忍で愚劣極まりないベトナム戦争の泥沼へ米国を引きずり込んで行く。その政権の内実と意思決定過程について、ピュリツァー賞受賞の記者D・ハルバースタムが『ベスト&ブライテスト』で見事に描きだした。米軍の戦死者5万8千人、南北ベトナムで600万人の犠牲者を出した戦争は米敗戦の末、75年に終結した。

63年11月22日、テキサス州ダラス。オープンカーでパレード中のケネディが暗殺された。銃撃前後を捉えた映像（同乗のジャクリーン夫人が飛び散った肉片を拾う場面も）の衝撃は、今でも脳裏に焼き付いている。

88

我々には永遠の同盟国も、永遠の敵国もいない。あるのは永遠の国益だけである

ヘンリー・テンプル（パーマストン子爵）英元首相

2022.01.21

パーマストン（1784～1865）は、19世紀半ばに活躍したイギリスの外相、首相。当時、大英帝国は繁栄を極め、英国は独自の道を歩む強さと影響力があった。この言葉は国益優先という大国のエゴイズムともとれるし、どこの国にもくみしない中立の立場の表明ともとれる言葉であろう。

来月4日に始まる北京オリンピック。米英などが中国の人権問題を理由に外交的ボイコットを表明する中で、岸田総理は日本

の対応について「国益の観点から自ら判断する」としていた。安全保障は米国に、経済は中国に大きく依存している日本。同盟国アメリカに追随するだけでは、対中国で犠牲を払うことになる。結局政府は、政府代表団を派遣せず、橋本聖子五輪組織委員会会長などの出席を決めた。今年は、日中国交正常化50周年の節目の年で中国への配慮も必要だ。一方で対応が出遅れれば、中国の人権問題を軽視と批判されかねなかった。

今後も、オリンピック以上に米中の板挟みとなる場面が多発するだろう。国益の観点からの判断が重要だが、自国の国益の主張だけでは理解されないのも当然だ。

当時の英国ほどの力もない日本は、米中のバランサーとしての役目を目指すべきだろうが、簡単ではない。バランス外交と言えば聞こえはいいが、八方美人、二股外交などの批判を受け双方から敵視されるリスクもある。ここは国際社会での大勢の仲間づくりと同時に、民間の交流を含めた重層的、多角的で日常的な交流もより重要になってくるだろう。

89

たゆたえども沈まず

原田マハ

2022.02.04

原田マハは、キュレーターの経歴を生かし史実をベースにしたアート小説を数多く発表する。『たゆたえども沈まず』は、ゴッホ兄弟とパリで活躍した日本人美術商との交流の物語だ。自分の耳を切り落とした

ゴッホが南仏のアルルの病床でラテン語でつぶやく。

「FLUCTUAT NEC MERGITUR（たゆたえども沈まず）」と。

パリの中心を流れるセーヌ川は幾度も氾《はん》

濫《らん》し、人々を苦しめてきたが、人々はその都度再建に努力し、美しい都に変えてきた。セーヌの船乗りたちも、パリの水害と闘った。激流にもまれても、決して沈まず、何度でも立ち上がる。この言葉は木船とともにパリ市の紋章に刻まれる。革命や戦争などに翻弄されても復活するパリの力強さ、生命力の象徴として。原田は、ゴッホが真に描きたかったのはアルルなどでなくパリの化身のセーヌだったたと連想させる。そして、この言葉は地震、台風、火山噴火など毎年激流に襲われる日本にもふさわしいと思う。

2月11日は建国記念日だ。1995年ごろ、新党さきがけの武村正義代表は日本のあるべき姿を「小さくてもキラリと光る国」と表現した。バブルが崩壊したとはいえ、世界第2位の経済大国の日本の国是としては、やや卑屈ではと当時は思った。しかし、今や大国とは言い難い日本を予測していたのであれば、慧眼《けいがん》とさえ思えてくる。かつて科学技術立国、観光立国などいくつものスローガンが策定されたが、この機に日本の進むべき方向性、国是について考えてみてもいいのではないか。

90

政府は戦争か不名誉を選ばなければならない羽目になり、不名誉を選んだ。そして得たものは戦争だった

ウィストン・チャーチル英元首相

2022.04.08

第2次大戦中と戦後の2度にわたり合わせて約9年間、英国の首相を務めたチャーチル。この言葉は、ナチスドイツによるチェコスロバキアのズデーテン併合を容認した1938年のミュンヘン会談での英仏の宥和《ゆうわ》政策を不名誉と批判したものだ。結果的にヒトラーの野心を増長させ、ポーランド侵攻と第2次大戦を招くことになる。

今回のウクライナ戦争のきっかけはウクライナのNATO（北大西洋条約機構）加

盟の動きだ。NATOはソ連崩壊後、16カ国から旧ソ連のバルト3国やハンガリー、チェコなど旧東欧諸国が加入し、30カ国まで拡大している。ソ連の封じ込めを唱え、冷戦政策を主導した米国外交官、ジョージ・ケナンでさえ「NATOの拡大は、アメリカ外交にとって致命的な誤り」と指摘した。ロシアのナショナリズム、反西側的で軍国主義的な傾向を助長し、ロシアの民主化を妨げるというのだ。

ソ連崩壊を「20世紀最大の地政学的悲劇」と呼び、大ロシアの復活を目指すプーチン大統領にとって、西側との緩衝地帯がなくなることの衝撃は計り知れない。プーチンはNATOの東方拡大を黙認するか戦争かの選択で、戦争を選んだとも言えそうだ(もちろんウクライナ侵攻を正当化できないのは当然だが)。戦争の帰趨はまだ不明だが、仮にロシアが勝利してもロシアの孤立とロシア経済の混乱と長期停滞を招くだろう。そして、原油などエネルギー価格や資源の高騰をもたらし、世界的なインフレを更に加速させそうだ。

この戦争はグローバル化時代の終わりの始まりかもしれないと言われている。

91

日本は、ものが豊かで、心が貧しい国

マザー・テレサ

2022.06.10

マザー・テレサ（1910～97）は18歳の時に修道院の教師としてインドに渡り、上流階級の学校で教え始める。やがて、現地の貧しさや飢えや病に苦しむ人々の現実を知り、カルカッタのスラム街で学校や孤児院、ホスピスなどを設置し、半世紀にわたり貧しい人々の救済活動に没頭していく。

ノーベル賞受賞のインタビューで、世界平和のために我々に何が必要かを聞かれ、「家に帰って家族を愛しなさい」とまず身の回りからできることを説いた。

81年から3度来日し、日本の物質的な繁栄に驚くとともに日本人の心の飢えや心の貧困を鋭く見抜いて、この言葉を発している。

その後40年、テレサの指摘した日本の豊かさもだいぶ色あせてきたが、まだ世界3位の経済大国ではある。心の豊かさについては、イギリスのチャリティー団体と米ギャラップ社とが世界114カ国を対象に、1カ月間に行った「手助け」「寄付」「ボランティア」の回数を毎年、調べている。その報告書である『ワールドギビングインデックス2021』によれば、日本は総合指数で世界最下位だ。寄付の回数では、アフリカの最貧国を下回る。日本人に思いやりの精神がないとは思わないが、行動では示していないようだ。テレサが言うように身近なところからの実践を心掛け、少しでも行動に移したいものだ。

テレサの生涯が凝縮された言葉の一節を紹介したい。

「人生はチャンス　何かをつかみなさい
人生は喜び　うんと味わいなさい
人生は挑戦　受けてたちなさい
人生は悲しみ　それを乗り越えなさい」

92

大衆は、小さな嘘《うそ》よりも大きな嘘の犠牲になりやすいだろう

アドルフ・ヒトラー

2022.06.17

第1次大戦後のドイツ、当時、最も民主的な憲法と言われたワイマール憲法下で、ナチス（国家社会主義ドイツ労働者党）はゲルマン民族の優位性と反ユダヤ主義、反共産主義を掲げ、議席を増やしていく。1933年、ヒトラーは首相に就任、大統領も兼ねて「総統」になる。独裁体制を強化し、ユダヤ人の排斥とホロコーストを引き起こしていく。

ナチスの躍進は、失業やインフレなどに苦しむ国民の不安や不満に巧みな演説と宣伝により応えた面が大きい。第2次大戦は、

この言葉通り国民に多大な犠牲を強いることになる。

　ドイツは39年にポーランド侵攻後、ヨーロッパを席巻し、41年6月22日、ソビエトに侵攻する。ヒトラーは、この独ソ戦を絶滅戦争と宣言。我々は敵を生かしておく戦争などしないとまで言っている。一方、ソ連はファシストの侵略者を撃退し、ロシアを守るための「大祖国戦争」とし、国民を鼓舞し総動員する。ドイツ、ソ連双方が戦闘に加え、ジェノサイド、収奪、捕虜虐殺を繰り広げた。現代の野蛮とでもいうべき戦争の本質が象徴的に表れた。この戦争の実相は『独ソ戦』（大木毅著）に詳しい。ソ連側の死者は民間人を合わせて2700万人に上るとされ、ドイツは大戦全体で800万人と言われる。

　この2月に始まったウクライナ戦争。プーチン大統領は、ウクライナ侵攻を「ネオナチ」との戦いと称している。ゼレンスキー大統領も、ロシアはヒトラー政権の恐ろしい犯罪を繰り返していると非難している。双方が相手はナチズムだと主張すると、妥協の余地は限られる。ウクライナ戦争の長期化は避けられそうにないだろう。

93

歴史は何も教えない。ただ学ばないものを罰するだけだ

クリュチェフスキー（ロシア歴史学者）

2022.07.08

クリュチェフスキー（1841～1911）は帝政時代のロシアの歴史学者。歴史の教訓を軽視した者は、手痛いしっぺ返しを受けるという至言だ。

昨年2月、みずほ銀行のシステム障害で、全ATMの7割に当たる4318台が停止、カードや通帳が機械に取り込まれたまま戻らず、何のアナウンスもなく、ATMの前で長時間立ち往生した人が続出した。その後も、みずほ銀行ではハードの故障やシステム設定の誤りなど1年に11回もの障害を起こし、9月にはアンチ・マネーロンダリング・システムのチェックを外した送金処理で外為法違反を犯し、親会社の社長や銀行頭取の退任に発展する。

一連の障害の原因について、金融庁は開

発や障害対応における品質確保の検証不足、保守管理体制の未整備などを挙げる。さらにガバナンス上の問題の「真因」として、システムに関するリスクと専門性の軽視、顧客影響に対する感度の欠如、「言うべきことを言わない、言われたことしかしない組織体質」にまで言及している。

みずほ銀行は過去、2002年4月、11年3月にも大規模なシステム障害を引き起こして社会問題化した。そのため、35万人月の労力と4500億円の巨費を投じ、抜本改善した新システムを19年から稼働させた。これは「みずほグループ」を次世代金融業へ発展させる武器になるはずだったが、過去の大規模障害の教訓に学ばない組織がその望みを頓挫させた。情報システムは企業経営の強力な武器になると同時にアキレス腱《けん》にもなりうる例だろう。

リチウム電池の開発でノーベル賞を受けた吉野彰も「失敗にふたをしてはいけない。失敗した時こそ、失敗の原因を自分に問い詰めろ」と言っている。

＊

「どんなことにも教訓はある。君がそれを見つけられるかどうかさ」

ルイス・キャロル

94

広島は残り、長崎は壊された

2022.08.05

高瀬毅（ノンフィクション作家）

1958年まで被爆地長崎にも、広島とともに「長崎の原爆ドーム」とでも呼ぶべき原爆遺構が残されていた。旧浦上天主堂である。25年に完成し、レンガ造りでロマネスク調の東洋一の大聖堂であった。45年8月9日、長崎に原子爆弾が投下され、爆心地に近い浦上天主堂は外壁の一部を残して大破、司教と信徒数十人が一瞬にして絶命した。

天主堂の廃虚は原爆の悲惨さを伝えるため保存すべきとの声に、当時の田川長崎市長や浦上教会も賛意を示していた。それが取り壊しに転換する背景を、高瀬は国内外の取材により『ナガサキ消えたもう一つの「原爆ドーム」』に著した。

田川市長の変心の契機は米セントポール市との姉妹都市提携と1カ月間の全米視察旅行だ。どちらも米国側からの働きかけで実現し、田川は親米的な配慮から取り壊しに傾いていく。教会も山口司教が米国で天主堂の再建資金集めに奔走するが、条件として廃虚の撤去を求められたという。こうして、保存から現地再建による撤去へと傾いていく。58年に市議会は保存決議をするが、廃虚の取り壊しが始まり、翌年に今の新浦上天主堂が完成する。

もし、原爆の閃光《せんこう》を直に浴びたキリスト教の大聖堂が一部とはいえ残っていれば、「20世紀の十字架」としてそのシンボル性は圧倒的であろう。それゆえ、米国は反米、反原爆の象徴になることを恐れたのだろう。

東北大震災では震災の遺構の保存に反対の意見もあったが、かなり多くの遺構の保存が実現した。しかし、遺構を適切に長く維持管理していくのは、容易ではない。地元自治体や住民の熱意と関心が続くことが不可欠だろう。

95

「あすいくわれのほころびをつくろわんと　たらちねの母はあかりをつけぬ」（榊原大三　ペリリウ島で戦死。28歳）

「硫黄島いや深みゆく雲にらみ　帰らむ一機待ちて日は暮る」（蜂谷博史　硫黄島で戦死。22歳）

「この朝け遺言状など書きおりし　戦友なりしかな泪にじみ来」（竹村孝一　華中にて戦死。24歳）

2022.08.12

『きけ　わだつみのこえ』（日本戦没学生の手記）

1943年10月、太平洋戦争の戦況が悪化する中、大学などの在学生に対する徴兵猶予の措置が停止された。学生たちは召集され、前線に送られることになった。学徒出陣である。学生は「生ら（我ら）もとより生還を期せず」と勇ましい言葉で出陣したが、やがて、その多くが戦場に散ることになる。

出陣学徒を含め大学や高校を卒業後まもなく戦場に送られた学徒兵の手記を集めた遺稿集が『きけ　わだつみのこえ』である。中国大陸や南洋、沖縄などの前線で死と隣り合わせの中で書いた日記、手紙、遺書などが寄せられた。家族への手紙では、父母への感謝と親孝行できなかった悔恨が。恩師へは、学問探求と復学への思いが。祖国日本へは、憂国と再建への願いが。そして、多くの短歌が添えられている。母への慕情、帰らぬ戦友を待つ心情、戦死した戦友への鎮魂、前線の寒さと孤独、処刑を待つ心境もある。手記には抗《あらが》いがたい運命と戦争に対する諦念、覚悟、悔恨、理不尽さへの怒りも見てとれる。上官命令により戦争犯罪に問われ、処刑される無念さもある。特攻隊員として出撃する数時間前に走り書きした魂の叫びもある。

戦争反対などと一言も書いていないが、百万言を費やすより「戦争の愚かさ、むなしさ」を伝え、説得力がある。戦後長く反戦の「教科書」となったゆえんだろう。序文に引用された仏詩人ジャン・タルジューの詩も胸を打つ。

「死んだ人びとは還《かえ》ってこない以上、生き残った人びとは何が判《わ》かればいい？
死んだ人びとには慨《なげ》くすべもない以上、生き残った人びとは誰のこと、何を慨いたらいい？
死んだ人びとはもはや黙ってはいられない以上、生き残った人びとは沈黙を守るべきなのか？」

96

世界には4つの国しかない。先進国と途上国、日本とアルゼンチンである

サイモン・クズネッツ（米経済学者）

2022.12.09

クズネッツ（1901～85）は米国のマクロ経済学者で、71年にノーベル経済学賞を受賞した。当時の世界状況からみて、先進国と途上国のメンバーは固定的なもので、例外がアルゼンチンと日本だという。

アルゼンチンは19世紀以降で唯一、先進国から途上国に脱落した国とされる。鉄道網の整備と肥沃《ひよく》な国土を生かした穀物と肉類の輸出で、29年には世界第5位の経済大国になるまで発展。しかし、世界恐慌後の経済混乱を乗り切れず、戦後、欧州や日本の復興とは対照的に、放漫財政や経済政策

の失敗で転落の一途をたどり、国債のデフォルトを繰り返している。

一方、日本は敗戦の荒野からわずか20年で先進国（OECD加盟）入りを果たし、68年には当時の西ドイツを抜いてGDP世界第2位に駆け上がった。こうした状況を踏まえたクズネッツの発言だった。

翻って、現在の日本はバブル崩壊後の失われた数十年が続いている。GDPは世界第3位だが、1人当たりのGDPは27位と米国の6割程度（現下の円安で、ドルベースでその差は拡大中）に過ぎない。先進国の中で、成長力、国際競争力、技術力どれをとっても地位の低下と衰えが隠せない。

デジタル化の波に乗り遅れたこと、労働生産性が低いこと、成長分野への円滑な労働移動が実現しないことなどが指摘されている。日本企業は巨額の内部留保をため込んでいるが、従業員に対する人的投資、研究開発や設備投資など諸外国に比べて見劣りする。

官も民もダイナミックな痛みを伴う政策変更ができないのが日本の実情と指摘されている。日本が次のアルゼンチンになる心配も杞憂《きゆう》とばかりは言えないのではないか。

97

私たちは子どもたちが生きていくのを見届けたいのです。おかしな望みではないでしょう？

ゼレンスキー・ウクライナ大統領

2022.12.16

コメディアン出身で大統領選挙を勝ち抜き、２０１９年、ウクライナの第6代大統領に就任したゼレンスキー。ロシアのウクライナ侵攻後、侵略者の非人道的攻撃から祖国を守る勇敢な指導者として、一気に国民の求心力を高め、支持率は90％を超えた。

侵攻直後、国外脱出の提案を受けたが、「必要なものは、（逃げるための）乗り物でなく、弾薬だ」と訴えた。キーウを逃れたとの観測を打ち消し、大統領府の外で撮影したビデオ演説を公開。「我々はここにいる。国を守る」と宣言。国民を鼓舞し、国際社会にもアピールした。

冒頭の言葉は欧州議会での演説で、同時

通訳も声を詰まらせたという。ロシアの巡航ミサイルで多くの無垢《むく》の子どもたちが死んでいく。それでもウクライナは決して負けない、自由のために戦う、とEU諸国の援助を訴えたのだ。彼の悲痛だが果敢なスピーチは、多くの西側諸国の首脳や国民の心をとらえ、膨大な支援を引き出した。危機に直面するリーダーの言葉として賞賛された。ロシアとのプロパガンダ合戦では、完全に勝利している。

ウクライナ戦争が日本に与えた影響も見過ごせない。平和主義を唱え、戦争を非難することは誰でもできる。しかし、現代でも独裁者による侵略はありうる。ましてロシア、北朝鮮、中国という核を保有した軍事大国で独裁的な国家に囲まれた日本だ。危機に直面した時、アメリカに頼るだけでなく、防衛の覚悟と行動が必要だ。ウクライナが極限状況でも頑張っているから支援も集まる。支援を乞うだけでは、誰も助けに来ないだろう。

侵攻からほぼ10カ月、現代のロシア皇帝プーチンが戦争を止める気配はない。ウクライナ側も、インフラ攻撃で暗く厳しい冬を迎えているが妥協しない。戦争の年越しは避けられそうにない。

98

君が戦争に興味がなくても、戦争の方で君に興味を持っている

レフ・トロツキー（ソ連の政治家）

2023.02.24

トロツキー（1879～1940）は、1917年のロシアの10月革命で指導力を発揮し、レーニンに次ぐ指導者の一人となった。第1次大戦中であったドイツとの講和条約を締結するとともに、外国からの革命干渉や国内の反革命軍から革命を防衛するための赤軍を創設し、軍事指導者としても活躍した。しかし、レーニン死後は共産党内の主流派と対立し、除名され国外追放となる。

日本は戦後80年近く戦争や国際紛争に無縁な平和な時期を過ごしてきた。しかし、日本を取り巻く情勢も、大きく変わってきた。軍備増強を強める中国、北朝鮮、そしてロシアだ。重要インフラへのサイバー攻撃、無人機攻撃など戦争の様相も多様化し

てきた。宇宙空間も戦場になりうる時代だ。
政府は国家安全保障戦略など防衛3文書を改訂した。自衛目的で敵のミサイル発射拠点などを破壊する反撃能力の保有を明記し、戦後の安保政策を転換した。そして防衛費を1・6倍にし、5年間で43兆円とする方針を決定。1兆円規模で増税が必要という。国会論戦も進んでいるが決着には時間がかかるだろう。

もちろん、防衛力の強化だけでは国は守れない。経済力など国力の充実、多面的な国際協力関係、外交努力での戦争回避こそ国防の根本であろう。しかし、有事は起こりうるという覚悟と負担は必要だ。

ウクライナ侵攻が始まって1年だが、ウクライナは西側から地対空ミサイル、戦車などさらなる軍事支援を仰ぎ、ロシアも兵士の定員を150万人に拡大し、長期・大規模戦争の構えで対抗する。早期の停戦は見込めない状況だ。ウクライナ側から見れば、サン＝テグジュペリの次の言葉が想起される。「我々は服従すべきか、それとも戦うべきか。生きながらえるためには服従すべきであり、存在し続けるためには戦うべきである」

99

亡国の悲劇とは、人材が欠乏するから起こるのではなく、人材はいてもそれを使いこなすメカニズムが機能しなくなるから起こるのだ

2023.05.19

塩野七生

塩野七生は、イタリアを中心に古代から中世に至る歴史小説を多数執筆し、ローマ帝国の興亡を描いた『ローマ人の物語』は15年かけた大著である。また、文藝春秋に毎月「日本人へ」と題したコラムを掲載し、ローマ在住の彼女から見た日本の政治、経済、社会への鋭い提案を発信している。

この言葉もその中の一つ。国家が衰亡に向かう中でも有為な人材は出てくるが、その人材を生かすメカニズムが働かないから国家は滅亡に向かうのだという。

日本企業の人材投資が欧米に比べて極めて低い水準にある。賃金の内外格差も開いている。1人当たり賃金が米国や英国など

で、この30年で50％以上上昇しているが、日本は5％の上昇に過ぎない。高いスキルが要求されるＩＴ、技術研究分野ではその差はさらに広がっている。そもそも日本は、大学入学者に占める理数系の割合が低く、博士号取得者も少ないなどハンディを抱えている。各国の高度人材の獲得競争が激しい中で、日本は不利な状況に置かれ、日本企業から人材が奪われつつある状況だ。

そうした危機感から、岸田内閣は「人への投資」を目玉施策に掲げ、5年で1兆円の政策を打ち出した。個人の学び直し支援や労働者のリスキリング支援などだが、成果を出すのは容易ではない。そして塩野が言うように、その貴重な人材を企業や組織が生かす術がなくては、国家は衰退に向かうであろう。

都職員の管理職試験の日程が近い。管理職不足が言われている中で、積極的に受験してもらいたいと同時に、組織の側も管理職（職員もだが）を有効に使いこなすことが重要だろう。膨大化、複雑化する都庁では組織の縦横の調整にエネルギーを取られがちだ。必要以上に組織間の調整ごとに終始せず、有為な人材が力を発揮できる組織経営を目指してもらいたい。

100

本日天気晴朗ナレドモ波高シ

2023.05.26

司馬遼太郎（『坂の上の雲』）

『梟の城』で直木賞を受賞し、その後、数多くの歴史小説を発表した司馬遼太郎（1923～96）は、今年生誕100年を迎える。司馬遼太郎記念財団によれば、司馬作品の累計発行部数は、電子書籍も含め2億673万部に上るという。『竜馬がゆく』『国盗り物語』など7作品がNHKの大河ドラマの原作となっている。同財団の好きな司馬作品アンケートでは、『坂の上の雲』が人気第1位だ。

この作品は明治維新後、近代国家として歩み始める極東の小国日本が、日露戦争で勝利するまでを描いた大作だ。そのハイライトが、ロシアのバルチック艦隊と東郷平八郎指揮する連合艦隊による日本海海戦であろう。

この言葉は、1905年5月27日、指揮艦三笠の船上で参謀の秋山真之が大本営に打った有名な電文だ。「敵艦見ユトノ警報ニ接シ、連合艦隊ハ直ニ出動、之ヲ撃滅セントス、本日天気晴朗ナレドモ波高シ」。日本海戦は、いくつかの幸運にも恵まれ、日本の大勝利に終わり、戦争全体の帰趨を決することになった。

司馬の小説は読者も多く、影響力も大きいため、作品全体を史実と受け取る読者も多い。司馬が作り上げた歴史観は「司馬史観」と言われ、批判の対象にもなった。日清・日露戦争を好意的に描き、自身も参戦した太平洋戦争を愚かな、くだらない戦争と酷評する歴史観だ。確かに、歴史の評価はなかなか難しい。だが、日露戦争の薄氷の勝利が、日本を次の無謀な戦争に巻き込む「成功体験の罠《わな》」となったことは、同意する人も多いだろう。

直近の例では、ロシアによるウクライナ侵攻の無謀も2014年のクリミア併合の成功体験だろう。日本企業では一時世界市場を席巻した半導体、家電など成功体験から衰退への例は多い。成功の裏にあった僥《ぎょう》倖《こう》を探り、それなくしても勝てたのか、かみしめる必要があるのだろう。

憧れのJ・F・ケネディ

小学生のころ、茨城の実家に、表にJ・F・ケネディの横顔、裏に英文の演説が彫られた陶器の貯金箱があった。誰かの修学旅行のお土産らしい。よりによってケネディの貯金箱を買ってくるとは。東京タワーなら分からなくもないが（笑）。家族みんなでケネディよりは羊羹《ようかん》のほうが良かったと思ったはずだ。

わずか43歳の若さで大統領になり、颯爽としたハンサムなケネディは日本でも人気があった。核戦争の危機と言われたキューバ危機でソ連と渡り合い、ミサイルを撤去させ、「勇気の人ケネディ」などと賞賛された。そして、看板施策の「ニューフロンティア」では、雇用、社会保障、教育、宇宙開発（月面探査）など各方面の施策を積極的に進めたことでも知られる。

有名な1961年の大統領就任演説は、YouTubeで今でも聞くことができる。張りのある声で、言葉の抑揚や強弱、間の取り方、流ちょうな英語（当たり前か）での演説は、傾聴に値する。

影山竹夫（かげやま・たけお）

1956年茨城県境町生まれ。県立境高校、青山学院大学法学部卒。79年東京都入庁、東京都養育院、中野区、衛生局、財務局、建設局などを経て東京都教育庁次長（都立中央図書館長兼務）、選挙管理委員会事務局長、主税局長、議会局長を経て2016年都退職。都政新報に毎週「今週の名言・名句」を連載するほか、月刊誌など執筆多数。都道府県選管連合会機関紙『月刊選挙』に時事問題レポートを毎月掲載中。

人生に残る言葉・人生をつくる言葉
心に響く名言・名句

定価はカバーに表示してあります。

2023年9月30日　初版第1刷発行

著　者　**影山竹夫**
発行者　吉田　実
発行所　株式会社**都政新報社**
〒160-0023
東京都新宿区西新宿7-23-1　TSビル6階
電 話：03（5330）8788
FAX：03（5330）8904
振 替：00130-2-101470
ホームページ：https://www.toseishimpo.co.jp/

デザイン　荒瀬光治（あむ）
印刷所　藤原印刷株式会社

ISBN 978-4-88614-280-1 C0030